T0001757

TU MEJOR VERSIÓN EN 12 SEMANAS

Una guía práctica

Bestseller del *New York Times*
Autor de *El cerebro en forma*

Sanjay Gupta, MD

con la colaboración de Kristin Loberg

REM*life*

ESTE CUADERNO PERTENECE A:

FECHA DE INICIO:

FECHA FINAL:

---

12 WEEKS TO A SHARPER YOU
TU MEJOR VERSIÓN EN 12 SEMANAS

Published by arrangement with the original Publisher, Simon & Schuster Inc.

Edición en español:
© Editorial Reverté, S. A., 2024
Loreto 13-15, Local B. 08029 Barcelona – España
revertemanagement.com

Edición en papel
ISBN: 978-84-17963-87-3

Edición en ebook
ISBN: 978-84-291-9773-0 (ePub)
ISBN: 978-84-291-9774-7 (PDF)

Editores: Ariela Rodríguez / Ramón Reverté
Coordinación editorial y maquetación: Patricia Reverté
Traducción: Genís Monrabà Bueno
Revisión de textos: Mariló Caballer Gil

Impreso en España – *Printed in Spain*
Depósito legal: B 17496-2023
Impresión y encuadernación: Liberdúplex
Barcelona – España

107

CONTENIDO

SEGUNDA PARTE • GUÍA DEL PROGRAMA PARA MANTENER TU CEREBRO EN FORMA SEMANA A SEMANA

La función principal del cuerpo . . .
es llevar el cerebro a cuestas.

Thomas Edison

A mis tres niñas, Sage, Sky y Soleil. Por orden de edad, para evitar futuras disputas por el orden de la dedicatoria. Os quiero muchísimo y os he visto crecer más rápido que este libro. Tomaos siempre el tiempo necesario para estar completamente presentes, porque quizá sea la mejor manera y la más alegre de mantener vuestra mente en forma y tener una vida luminosa. Aún sois muy jóvenes, pero me habéis dado toda una vida de recuerdos que espero no olvidar jamás.

Para mi Rebecca que nunca ha desfallecido en su entusiasmo. Si al final nuestras vidas no son más que una colección de recuerdos, la mía estará llena de imágenes de tu preciosa sonrisa y tu inquebrantable apoyo.

Para cualquier persona que haya soñado con tener un cerebro mejor, no solo libre de enfermedades y traumas, sino optimizado para permitirle construir y recordar la historia de su vida y prepararle para ser resiliente ante los retos de la vida. Para cualquier persona que siempre haya creído que su cerebro no es una simple caja negra impenetrable e intocable, sino que puede nutrirse y convertirse en algo mejor de lo que había imaginado.

TU MEJOR VERSIÓN EN 12 SEMANAS

INTRODUCCIÓN

ATENCIÓN: LO MÁS IMPORTANTE ERES TÚ... Y TU CEREBRO

¡Bienvenido! Y enhorabuena por adelantado. Estás a solo doce semanas de sacar el mejor partido a tu cerebro y obtener el óptimo rendimiento para mantenerlo en forma toda tu vida. La buena noticia es que no importa qué edad tengas: nunca es tarde para mejorar el funcionamiento de nuestro cerebro. Es un órgano que responde a la perfección a nuestros hábitos y, si tomamos las decisiones correctas, siempre mejora. En efecto, puedes nutrir y fortalecer tu cerebro hasta convertirlo en algo mucho más potente de lo que jamás imaginaste. Por eso, deberías estar motivado para adoptar los hábitos que van a mantenerlo en forma el resto de tu vida. No se trata de haber nacido con un cerebro privilegiado, cualquiera tiene la capacidad de mejorar su cerebro sin que importe la edad. Tengas veintidós años o noventa y dos, estás leyendo el libro adecuado.

Hace tiempo, se creía que nacemos con una determinada reserva de neuronas que, lentamente, vamos consumiendo a lo largo de la vida. Se decía que sustancias como el alcohol pueden acelerar ese proceso, sin que haya vuelta atrás. Pero hemos de tener en cuenta que esas nociones obsoletas se basaban en observaciones de cerebros que habían desarrollado alguna enfermedad. Durante mucho tiempo, solo se examinaba un cerebro en el momento de la autopsia, después de que su «portador» falleciera. Así es cómo Alois Alzheimer descubrió por primera vez, a principios del siglo xx, las placas reveladoras de la enfermedad que lleva su nombre. Y hasta hace bien poco la única forma de diagnosticar con certeza la enfermedad de Alzheimer era mediante una autopsia. Soy neurocirujano, y en contadas ocasiones me encuentro con cerebros sanos. Más bien al contrario: trabajo con cerebros en los que hay algún tumor invasor, con cerebros que tienen coágulos de sangre o están deformados por algún traumatismo. El punto es que apenas hemos empezado a cuantificar y descifrar el funcionamiento del cerebro sano. Y esto es algo fundamental porque, para mantener y mejorar un cerebro sano, debemos comprenderlo lo mejor posible.

En el momento en que empezamos a examinar cerebros sanos, nuestros conocimientos básicos empezaron a cambiar. Contemplamos cómo el cerebro crece y se regenera no solo para reparar daños, sino también para... mejorar. Y mejorar. Y mejorar. Ahora sabemos que el cerebro puede renovarse y optimizarse continuamente. Sabemos que el cerebro tiene un ciclo de «depurativo» e incluso podemos predecir cuándo es más probable que se produzca ese ciclo: durante el sueño.[1] Podemos saber cuándo es más viable que seas productivo o creativo, y cuándo estarás agotado. Podemos afirmar que aquello que es bueno para el corazón, a menudo también lo es —aunque no siempre— para el cerebro. Lo más fascinante es que ahora tenemos sólidas pruebas de que se pueden generar nuevas células cerebrales a *cualquier edad*.[2] Piensa en ello. Puedes generar nuevas células cerebrales y establecer nuevas conexiones, tanto si eres un niño que abraza su osito de peluche o un veinteañero que descubre nuevas oportunidades como si eres un nonagenario amante del tenis. No es tan desafiante como parece, pero sí que se requiere un concienzudo esfuerzo y planificación. Cualquier gran cambio que se precie lo exige, además de paciencia y perseverancia. Pero, durante este trayecto, también puedes divertirte y aprender algunas cosas que te sorprenderán.

Al fin y al cabo, estamos hablando de mantener y mejorar el órgano de kilo y medio más enigmático del universo. Es la supercomputadora autoprogramable más sofisticada del mundo, que cuenta con un sistema operativo paralelo conocido como *conciencia*. De modo que sí: deberíamos dedicar el tiempo necesario a cuidar este sistema imprescindible, mantenerlo a punto y llenarlo del combustible adecuado para que circule sin problemas por la accidentada carretera de la vida.

Mientras te sumerges en este nuevo cuaderno de trabajo actualizado con los últimos avances científicos, quiero que te cuestiones algo fundamental: ¿qué es un cerebro sano? Podemos describir sin problemas qué es un corazón sano. Lo mismo ocurre con el hígado, los riñones o el bazo. Pero ¿qué pasa con el cerebro? Muchos dirán que un cerebro sano es el que está libre de tumores, traumatismos, derrames cerebrales o placas que interrumpan la comunicación y destruyan la memoria. Sin embargo, eso es definir la salud como la mera ausencia de enfermedades. Debemos ir más allá. Debemos ser más ambiciosos.

Un cerebro sano no solo dispone de una buena memoria, sino que, además, conecta patrones que de otro modo se perderían. Esos patrones son los que facilitan y refuerzan aún más la creación y el almacenamiento de la memoria en el cerebro. Un cerebro sano también es aquel que no se deja derrotar fácilmente por las duras y estresantes condiciones de la vida cotidiana; al contrario, se fortalece con ellas.

Solemos pensar que un cerebro está en forma si recuerda bien los detalles, pero vale la pena que nos planteemos tal definición. En cualquier caso, ¿qué es la memoria? A menudo la entendemos como si fuese un diario de acontecimientos vitales pasados que podemos hojear, como si se tratara de un disco duro o un archivo. Desde una perspectiva evolutiva, la memoria nos ha servido para recordar situaciones, personas o fuentes de alimento y agua para ayudarnos a preservar nuestra vida. Pero actualmente apreciamos la memoria por su propósito más poderoso: reforzar la narrativa de nuestra propia vida, de nuestra propia historia. Y, aunque a veces nuestros recuerdos no son completamente precisos, ya está bien así.

Lo cierto es que, en un día determinado, probablemente prestamos atención solo al 60 % o 70 % de lo que tenemos delante. Como el resto de experiencias cotidianas que vivimos casi no aportan nada al relato de nuestra vida, las ignoramos. Esto significa que un cerebro sano es aquel que recuerda las cosas importantes, mientras olvida las triviales. Y sí, olvidar es tan importante como recordar, e incluso nos ayuda a poner en forma nuestro cerebro y dejar espacio para información nueva y más valiosa. Hasta 2019 los científicos no habían descubierto las neuronas «olvidadizas», las detectaron a partir de un estudio pionero que también reveló la importancia del sueño, ese periodo de tiempo en el que estas células cerebrales especializadas entran en acción.[3] Se da una hermosa paradoja: para poder recordar, necesitamos, hasta cierto punto, olvidar. Como me dijo el magnífico biólogo evolutivo Robert Sapolsky, un cerebro sano también es aquel que dispone de un amplio círculo de «tú»: un cerebro inclusivo y receptivo hacia nuevas ideas y personas. Un cerebro más tolerante y acogedor.

Como neurocirujano académico y periodista, me dedico a educar y explicar. Creo firmemente que es importante explicar el *qué* y el *porqué* de las cosas. Una vez que comprendas el funcionamiento interno del cerebro, los hábitos específicos que recomiendo tendrán sentido. Si me limito a indicarte lo que deberías hacer, es poco probable que adoptes un nuevo hábito. En cambio, si realmente entiendes el porqué de cada recomendación, tendrás una historia que recordar y seguir. Este libro es esa historia.

Desde la primera publicación de *El cerebro en forma*, en 2021, me ha encantado conocer el impacto que ha tenido en personas de todo el mundo. Mi colega Erin Burnett se ha aficionado a la pintura para ayudar con éxito a desarrollar la reserva cognitiva, un concepto que definiré en breve. Una mujer de ochenta y siete años de Bangkok me envió un correo electrónico para compartir su alegría por haber adquirido una nueva destreza cognitiva: más capacidad para pensar, más rapidez para recordar y, en general, más energía mental. Y un padre de cuarenta y tantos años, con una agotadora carga de trabajo entre la crianza de sus hijos y el cuidado de sus padres, ya ancianos, se sintió mentalmente revitalizado y lleno de energía por haber hecho pequeños cambios en sus costumbres alimentarias, haber dejado de tomar refrescos y haber dado más prioridad al sueño. Sois tantos quienes habéis compartido vuestras historias después de haber seguido el programa de doce semanas del libro que me habéis inspirado para redactar este nuevo cuaderno de trabajo interactivo. Como prometía en *El cerebro en forma,* y prometo de nuevo en este libro, es importante que sepas que aquí no hay trucos. Solo expongo un autodescubrimiento basado en los más relevantes estudios científicos disponibles.

Con ese fin, quiero dejar claro que aquí no encontrarás ninguna fórmula mágica para acabar con la demencia ni para revertir el deterioro mental. Es posible que algunos de vosotros lleguéis a este libro con problemas cognitivos o incluso con una afección como el deterioro cognitivo leve (DCL), que a menudo precede a un diagnóstico más grave, como la demencia. O tal vez tú o alguien de tu familia sufráis una enfermedad neurodegenerativa grave que ha avanzado desde un estado leve. Las estrategias de este libro están diseñadas para que dispongas de las mejores alternativas para optimizar tu salud cerebral y, aunque llevarlas a cabo puede disminuir la progresión de la enfermedad en algunos individuos, nadie puede ofrecer un remedio infalible a una afección cerebral. Dada la complejidad de las condiciones cerebrales, es importantísimo intentar que el cerebro funcione de modo óptimo, a cualquier edad. Si tú o alguno de tus seres queridos tenéis problemas cognitivos, no tiréis la toalla. Cuanto más te esfuerces por fortalecer tu cerebro, más posibilidades tendrás de prolongar tu salud cerebral y de controlar cualquier dolencia relacionada con el cerebro, si es que existe. Si bien hay aspectos de la salud cerebral que escapan al control de todos, hay cosas que puedes hacer hoy para consolidar la mejor red neuronal posible para tu futuro.

En 2017, comencé mi proyecto *El cerebro en forma* con la Asociación Americana de Personas Jubiladas (AARP), poco después de que esta veterana organización lanzara un proyecto colaborativo independiente llamado Consejo Global sobre Salud Cerebral (GCBH). El GCBH reúne a expertos de todo el mundo para debatir los últimos avances científicos en salud cerebral y llegar a consensos sobre qué funciona y qué no. Su objetivo es ayudar a las personas a aplicar los conocimientos científicos para fomentar una mejor salud cerebral a medida que envejecen. Compartimos la visión de que no existe una respuesta única ni una píldora mágica ni una solución milagrosa cuando hablamos de salud cerebral —a pesar de que algunos anunciantes o empresas sin escrúpulos la aseguren—. Cuando uno busca en internet «cómo mejorar la salud cerebral», no tiene que desplazar mucho el cursor para encontrarse con páginas de dudosa credibilidad que venden todo tipo de estrategias cuestionables sin datos científicos que avalen sus productos. Atención: no existe ninguna píldora para «mejorar la memoria», «incrementar la concentración» o «prevenir la demencia», digan lo que digan los eslóganes —aun así, una cuarta parte de las personas mayores de cincuenta años toman un suplemento para mantener en forma su cerebro—.

En vez de eso, que sepas que nunca es demasiado pronto, ni demasiado tarde, para intentar mejorar tu salud cerebral, y que puedes reducir el riesgo de deterioro cognitivo si adquieres algunas conductas saludables.

Además, muchas de estas conductas solo cuestan un poco de esfuerzo y compromiso. Recientemente, en el informe *How to sustain brain healthy behaviors: Applying lessons of public health and science to drive change*, el GCBH estableció los tres elementos fundamentales para que las personas pongan en práctica este estilo de vida: conocimiento, motivación y confianza.[4] Dedicaré el tiempo necesario para compartir los conocimientos adquiridos con total transparencia, enseñándote, motivándote y dándote la confianza de que puedes aplicarlos en tu vida para generar un cambio en el presente y en el futuro.

He dividido este libro en dos partes. En la primera, «Qué implica mantenerte mentalmente activo toda la vida», ofrezco un recordatorio sobre los seis pilares principales para la protección y el mantenimiento de la salud cerebral: 1) la alimentación, 2) la actividad física (no solo el «ejercicio»), 3) el descanso (en horario diurno), 4) el sueño reparador, 5) el aprendizaje continuo y 6) las relaciones sociales. Verás que aquí he dividido el pilar «tiempo libre» descrito en *El cerebro en forma* en dos pilares distintos para este libro de ejercicios (de modo que aquí encontrarás seis pilares en lugar de cinco). Existe una diferencia entre lo que haces para descansar, reducir el estrés y relajarte durante las horas de vigilia y cómo consigues conciliar un sueño reparador de forma continuada durante la noche. Son dos formas de recuperación cerebral importantes, pero exigen habilidades algo distintas. Si quieres más detalles sobre el conocimiento científico que hay detrás de estos pilares, *El cerebro en forma* sigue siendo un recurso muy útil, bien documentado y lleno de citas —las nuevas citas se enumeran al final de este cuaderno; parte del lenguaje de estas páginas se ha adaptado de *El cerebro en forma* con las actualizaciones y aportaciones pertinentes—. La segunda parte desglosa el programa en doce semanas y cada semana se centra en uno o dos aspectos de los seis pilares. Por decirlo de algún modo, yo te construiré la escalera y tú solo tendrás que dejarte llevar, subiendo un peldaño tras otro.

Mientras los científicos siguen estudiando los múltiples caminos que conducen a la demencia —incluida la enfermedad de Alzheimer—, hay una certeza incuestionable: no se ha encontrado un desencadenante o una causa única. Hay muchos acontecimientos y circunstancias biológicas que pueden provocar cierto deterioro o enfermedades cognitivas. Incluso hoy en día se pone en tela de juicio la clásica creencia de que las placas beta amiloides del cerebro son las principales causantes del progresivo deterioro cognitivo. Del mismo modo que muchos caminos pueden conducir al cáncer, muchos caminos conducen al alzhéimer. Según el doctor Richard Isaacson, pionero en terapias preventivas contra la demencia, el recorrido de cada persona es distinto y único. «Hay un dicho —me recuerda—: Una vez has visto a una persona con alzhéimer, has visto a una persona con alzhéimer». Richard Isaacson ha mejorado la cognición de sus pacientes de forma objetiva, empezando simplemente por abordar los «puntos débiles» que podrían aumentar el riesgo de su deterioro cognitivo o fomentarlo. Normalmente, es fácil tratar estos puntos débiles mediante cambios en el estilo de vida o, si es necesario, con determinados medicamentos. Con ello se pueden controlar de cerca factores como el colesterol o la tensión arterial, que suelen tener una gran influencia no solo en las cardiopatías, sino también en la salud cerebral.

Independientemente de los distintos debates y los nuevos estudios, nunca olvides esto: **el deterioro cognitivo no es necesariamente inevitable.** Las investigaciones apuntan a que los hábitos saludables que implantes en tu día a día te ayudarán a cuidar la salud mental a largo plazo. Y resulta esencial hacer un planteamiento multidisciplinar para preservar —y optimizar— el funcionamiento y la salud del cerebro. Como metáfora, piensa en un edificio histórico que sigue aguantando las embestidas del tiempo con firmeza. Aunque haga más de un siglo que está en pie, si no lo hubieran cuidado durante esas décadas, el desgaste por su constante uso y el paso del tiempo habrían provocado, sin duda, su deterioro y su mal estado. Sin embargo, ese mantenimiento rutinario y las reformas ocasionales, no solo hacen que resista el paso del tiempo, sino que, además, contribuyen a que sea reconocido por su belleza y su relevancia histórica. Lo mismo sucede con tu cerebro: es una estructura biológica que requiere mantenimiento y cuidado en muchas vertientes. Para combatir una constelación de acontecimientos que llevan al deterioro cerebral, hace falta desplegar un arsenal de fuerzas que fortalezcan el cerebro. Este programa abarca precisamente cuáles son estas fuerzas.

Con algunas de las actividades de este libro irás levantando una suerte de andamio cerebral —una estructura de refuerzo para que tu cerebro sea más fuerte y estable— y podrás llevar a cabo algunas «reformas» para robustecer los «cimientos» de tu cerebro. Otras estrategias te proporcionarán las herramientas necesarias para un mantenimiento continuo y para desarrollar la «reserva cognitiva» o, como dicen los científicos, la «resiliencia cerebral».

Cuanta más reserva cognitiva tengamos, menos riesgo de desarrollar demencia habrá. En muchos aspectos de la vida, cuantas más reservas tengamos, más probabilidades de éxito tendremos, ¿verdad? Pues lo mismo ocurre tanto con el funcionamiento innato del cerebro como con el adquirido. Por último, hay lecciones que te servirán para realizar ciertos retoques —como si quitaras el polvo o pusieras orden— en tu día a día para que el cerebro funcione de forma óptima. Como ya he comentado, la vieja escuela afirmaba que el cerebro es un órgano básicamente fijo e inalterable una vez cruzas el umbral de la infancia. La gente creía —y algunos siguen creyendo— que este misterioso órgano encerrado y protegido por el hueso del cráneo es una especie de caja negra, intocable e incapaz de mejorar. Pero eso no es cierto. Hoy en día, que podemos visualizar el cerebro con nuevas tecnologías de la imagen y estudiar su funcionamiento cambiante, sabemos que no es así.

No estás irremediablemente condenado al destino que crees que marcan tus genes. Si hay un hecho cada vez más irrefutable en los círculos científicos, es que nuestras elecciones de estilo de vida contribuyen en gran medida a nuestro proceso de envejecimiento y al riesgo de sufrir enfermedades, probablemente tanto o más que nuestra genética. De hecho, tus experiencias cotidianas —entre las que se incluyen qué comes, cuánto te mueves, con quién socializas, a qué dificultades te enfrentas, cuál es tu propósito, cómo duermes o qué haces para reducir el estrés— influyen mucho más en la salud de tu cerebro y en tu bienestar general de lo que puedas imaginarte. Un estudio de referencia de 2018 publicado en la revista *Genetics* revelaba que la pareja influye más que nuestra herencia genética en nuestra longevidad.[5] ¡Y con diferencia! ¿Por qué? Porque resulta que nuestras decisiones de estilo de vida —como, por ejemplo, con quién decidimos pasar nuestra vida— pesan mucho en nuestro bienestar, bastante más que casi todos los otros factores. Preocúpate menos por tus genes y deja de utilizarlos como excusa. En vez de ello, céntrate en las decisiones que puedes tomar cada día. Una vida sana puede reducir drásticamente el riesgo de desarrollar un trastorno mental grave, como el alzhéimer, incluso teniendo factores de riesgo genéticos. Independientemente de lo que diga tu ADN, una buena dieta, hacer ejercicio, no fumar, limitar el alcohol, tener vida social y otras elecciones de estilo de vida pueden cambiar ese destino.

Hasta 2022, los científicos han documentado unos setenta y cinco genes relacionados con el desarrollo del alzhéimer, pero ser portador de estos genes no supone una condena hacia el declive.[6] Cómo se expresan y se comportan estos genes puede depender principalmente de nuestros hábitos diarios. Recuerda que una enfermedad como el alzhéimer es multifactorial y presenta diferentes rasgos patológicos. Esta es la razón por la que la prevención y los tratamientos son cada vez más personalizados: adaptados a la bioquímica de cada persona, desde parámetros básicos, como los niveles de colesterol, la tensión arterial y el equilibrio del azúcar en la sangre, hasta el estado de salud bucodental y el microbioma intestinal, los vestigios de infecciones pasadas e incluso las señales moleculares de la genómica. Como he señalado anteriormente, el ADN proporciona la programación básica de nuestro cuerpo, pero según cómo se comporte este ADN contará la historia. En un futuro, es bastante probable que tratamientos que incluyan una combinación de hábitos saludables y medicación sean muy útiles para que estas historias tengan un buen final.

Aunque en los medios escuchamos noticias desalentadoras sobre ensayos fallidos con fármacos, la buena noticia es que la precisión médica en este ámbito está avanzando vertiginosamente. En el futuro, podremos monitorear nuestro riesgo de deterioro cognitivo a lo largo del tiempo utilizando una sencilla aplicación en nuestro smartphone que podrá ayudarnos a evaluar nuestra fisiología —¡y nuestra memoria!— en tiempo real y darnos las recomendaciones adecuadas. Hasta que esa tecnología no esté a nuestro alcance, este libro de ejercicios es un buen comienzo y te proporcionará una sólida base.

En 2022 un extenso estudio que hizo un seguimiento de la salud de más de medio millón de personas demostró que el simple acto de realizar tareas del hogar —como cocinar, limpiar y lavar los platos— puede reducir el riesgo de demencia en un asombroso 21 %.[7] Así, las tareas del hogar se sitúan como la segunda actividad más beneficiosa, tras actividades más evidentes como caminar a paso ligero o montar en bici. Deberíamos prestar atención a estas lecciones básicas y tangibles. En el mismo estudio, se demostró que el ejercicio regular reduce el riesgo de demencia en un 35 %, seguido de reunirse con amigos y con la familia —un 15 % menos de riesgo—. De nuevo, estamos ante rutinas sencillas y altamente saludables. En Okinawa, una vez escuché este estupendo proverbio: «Quiero vivir la vida como una bombilla incandescente. Dando luz intensamente durante toda mi vida, hasta que un día, de repente, se apague». La luz no debería parpadear al final. Queremos lo mismo para nuestros cerebros.

A medida que sigas las pautas de este libro, es totalmente lícito que marques tu propio ritmo; en realidad, espero que, para tener éxito, personalices cada paso. Puedes dedicar las semanas que necesites para adoptar, e instaurar, nuevos hábitos, hasta que los hayas integrado en tu estilo de vida. Por ejemplo, puedes alargar las lecciones y actividades de la primera semana dos o tres semanas más. Haz lo que necesites para llegar a la meta. Cuando sientas que los cambios empiezan a afianzarse, sigue esas recomendaciones y conviértelas en un hábito. Al fin y al cabo, es tu vida. En cualquier caso, no te precipites. Recuerda que esto es una carrera de resistencia con infinitos destinos. Sé paciente contigo mismo y tómate la libertad de adaptar mis sugerencias a tus preferencias, siempre que estén dentro de los límites de lo que todos sabemos que es saludable.

Si algo he aprendido en los años que llevo estudiando el cerebro, operando cerebros y trabajando con los mejores científicos, es que cada uno de nosotros tiene su propio perfil. Por eso cualquier programa para mejorar la salud del cerebro debe tener un amplio espectro, ha de estar basado en evidencias, y ha de ser inclusivo y flexible. Y, aunque no existe la fórmula ideal para todos —no confíes en quien asegure lo contrario—, hay sencillas intervenciones que todos podemos realizar de inmediato y que pueden tener un impacto significativo en nuestra función cognitiva y en la salud cerebral a largo plazo. Para ello, también te pido que, durante el proceso, actúes de forma comprometida, valiente y perseverante. Deseo que este libro sea tuyo, solo tuyo. Aunque, por supuesto, puedes seguir este programa con un amigo —y realmente pienso que es una buena idea—, convierte este libro de ejercicios en un documento personal. Me encantará poder ser tu guía y tu maestro.

En un momento dado, es muy probable que la mayoría de nosotros tengamos el cerebro trabajando a la mitad de su capacidad. Tan solo es un cálculo aproximado, porque, claro está, no hay forma de saber cuál es esa cifra para cada individuo, pero parece bastante razonable. En cualquier caso, uno puede optimizar su cerebro mucho más de lo que se imagina, y la inmensa mayoría de la gente ni siquiera ha empezado a intentarlo. Pienso que es muy efectivo que prestemos más atención a nuestra salud cerebral, igual que hacemos con otras tareas importantes en la vida, como cuidar nuestro peso o criar a nuestros hijos. Aparte de que así disminuye el riesgo de enfermedad cerebral, ten en cuenta los demás beneficios que ello conlleva: experimentar menos ansiedad y depresión, ser más productivo, estar más presente y transitar por la vida de forma más ligera, enérgica y alegre.

Te pediré que escribas tus objetivos y deseos personales respecto a este programa, pero creo que los objetivos que acabo de mencionar son los que todos deseamos y podemos esforzarnos en conseguirlos. Yo he tenido el privilegio de acudir a especialistas de todo el mundo para adquirir conocimientos y estrategias para mantener mi cerebro en forma y prevenir su deterioro. He compartido estos conocimientos con mis allegados y seres queridos. También quiero compartirlos contigo. Desde que empecé a escribir *El cerebro en forma*, la coyuntura mundial ha cambiado por completo. Hemos padecido una pandemia única, hemos asistido a transformaciones en las normas sociales y culturales y, además, nos hemos enfrentado a retos sin precedentes. Es posible que algunos de vosotros estéis experimentando el COVID persistente, y sabemos que puede tener consecuencias neurológicas; también tengo algunas ideas para vosotros en el programa. Es un momento muy oportuno para trabajar en nuestros cerebros con el objetivo de poder pensar de forma más crítica y clara, tomar mejores decisiones para nosotros y para nuestros seres queridos y conectar más íntimamente con los demás.

Gracias por confiar en mí y dejar que te guíe hacia una salud y un funcionamiento cerebral radiantes. Te mereces disfrutar del mejor cerebro posible. Y eso es algo que está a tu alcance. Estoy seguro de ello. Y tú, también, por eso estás aquí.

Ahora, pongámonos en marcha…

PRIMERA PARTE

QUÉ IMPLICA MANTENERTE MENTALMENTE ACTIVO TODA LA VIDA

Nuestro cerebro determina quién somos y qué experimentamos. Nos permite alegrarnos y asombrarnos, y crear conexiones esenciales con los demás. Moldea nuestra identidad y nos permite tomar conciencia de nosotros mismos. También dependemos de él para tomar las decisiones acertadas, para planificar y preparar nuestro futuro. Incluso cuando dormimos, nos cuenta historias en forma de sueños. A parte de ello, también sabe cómo adaptarse al entorno, medir el tiempo y formar recuerdos.

El cerebro humano es el objeto más complejo conocido en el universo, conocido por él mismo, se entiende.

Edward O. Wilson

El cerebro es excepcionalmente «plástico», es decir, no es inmutable.[1] Puede adaptarse y cambiar su estructura y sus conexiones en respuesta a su entorno, que depende en gran medida de cómo uno elige vivir.[2] Y esta plasticidad es como una vía de doble sentido. En otras palabras, es casi tan fácil provocar cambios que deterioren la memoria y la cognición como cambios que las mejoren. Tu comportamiento y tu forma de pensar pueden hacer que tu cerebro vaya a mejor o a peor. Los malos hábitos crean vías neuronales que refuerzan esos malos hábitos. Los pensamientos negativos y un estado de preocupación constante pueden provocar modificaciones en el cerebro asociadas con la depresión y la ansiedad. La otra cara de la moneda es que una actitud positiva o una conducta saludable fomentan el funcionamiento óptimo del cerebro y refuerzan las conexiones que te interesa mantener. Nuestros estados mentales repetitivos —es decir, dónde centramos la atención, qué experimentamos y cómo respondemos a las situaciones— se convierten en rasgos neuronales.

Este concepto es conocido como la «regla de aprendizaje de Hebb».[3] Los neurocientíficos suelen describirla como la idea de que «las neuronas establecen conexiones más fuertes entre sí cuando se activan simultáneamente». Sabemos que las conexiones entre neuronas tienen la capacidad de cambiar como cuando moldeamos un objeto de plástico, también sabemos que esas modificaciones, tanto las buenas como las malas, se dan constantemente en función de nuestras experiencias y nuestros patrones de conducta. La buena noticia es que podemos controlar la forma en que nuestras neuronas se activan y se conectan mucho más de lo que creemos. Incluso con el simple hecho de leer esta página —es decir, de pensar y sentir que tienes el poder sobre la supercomputadora que hay dentro de tu cráneo— tu cerebro está cambiando a mejor.

De todos los factores que pueden dañar el cerebro y aumentar el riesgo de neurodegeneración y deterioro cognitivo, el más perjudicial es un proceso biológico del que probablemente ya hayas oído hablar: la inflamación. Más concretamente, la inflamación crónica asociada al envejecimiento (*inflammaging*, o envejecimiento inflamatorio), que es el núcleo de prácticamente todas las enfermedades degenerativas, desde las que aumentan el riesgo de demencia —como la diabetes o las enfermedades vasculares—

hasta las que están relacionadas directamente con el cerebro —como la depresión o el alzhéimer—.[4] Durante varias décadas, los científicos han debatido el papel que juega la inflamación en un cerebro enfermo, pero actualmente una gran cantidad de nuevas investigaciones sugiere que la inflamación no solo se suma a los procesos de enfermedad en el cerebro que causan ese deterioro, sino que también desencadena esos procesos desde el principio. Algunos estudios publicados en los últimos años han demostrado que la inflamación crónica en la mediana edad tiene que ver con un deterioro cognitivo posterior y con la enfermedad de Alzheimer.[5] Aunque una inflamación es útil para el cuerpo, para defenderse de lesiones e invasores, se convierte en un problema cuando este sistema permanece activado demasiado tiempo, emitiendo sustancias químicas y poniendo en jaque al sistema inmune. Imagínate una manguera contra incendios que se ha abierto para apagar una llama, pero que nunca se vuelve a cerrar: toda esa agua que antes resultaba útil y reparadora, después, en cambio, solo causa estragos.

Mientras que los fármacos, hasta cierto punto prometedores, siguen fracasando en los ensayos clínicos para prevenir o tratar la demencia, la narrativa acerca de esta enfermedad va cambiando. En 2020, la prestigiosa revista *Lancet* publicó su informe actualizado sobre prevención, intervención y cuidado de la demencia.[6] Ese informe, publicado originalmente en 2017 por un grupo de médicos, epidemiólogos y expertos en salud pública, enumeraba los siguientes nueve factores de riesgo: bajo nivel cultural, presión arterial alta, deficiencia auditiva, tabaquismo, obesidad, depresión, inactividad física, diabetes y poco contacto social. En 2020, el informe añadía tres factores más de riesgo con nuevas evidencias: excesivo consumo de alcohol, lesión cerebral traumática y contaminación atmosférica. Los autores hicieron un cálculo impactante: «En conjunto, esos doce factores de riesgo modificables representan alrededor del 40 % de las demencias en todo el mundo, por lo que, en consecuencia, podrían prevenirse o retrasarse». ¡Que no es poco! Imagina poder eliminar el 40 % de los casos mundiales de demencia simplemente cambiando hábitos básicos del día a día.

En 2022, se publicó otro estudio en el *Journal of the American Medical Association* que revelaba otro factor de riesgo modificable para añadir a la lista: la deficiencia visual.[7] Y los cálculos de este último estudio son igual de asombrosos: solo en Estados Unidos aproximadamente cien mil casos actuales de demencia podrían haberse prevenido si se hubiera mantenido una buena salud visual. Es posible que la relación entre la vista y la cognición no resulte tan evidente a simple vista pero, tal como señalan los autores del estudio, nuestro sistema neuronal mantiene su función a través de la estimulación de los órganos sensoriales. Sin esta estimulación, mueren neuronas y el cerebro se reorganiza. Los problemas oculares son relativamente fáciles de corregir con las modernas tecnologías para mejorar la visión y eliminar las cataratas. Además, todos estos factores de riesgo están interrelacionados. Lo bien que veas o escuches, por ejemplo, afecta a tu participación en cualquier actividad, a tu capacidad de socializar y, en general, a toda tu vida.

Dicho esto, son seis los pilares que pueden mantener nuestro cerebro en forma y disminuir estos factores de riesgo modificables, lo cual reduce también la probabilidad de inflamación crónica. Vamos a echarles un vistazo, porque te servirán de guías para adaptar este programa a las prácticas diarias. Si creas unos hábitos que respeten estos pilares de la salud cerebral, vas por buen camino.

LOS SEIS PILARES PARA MANTENER TU CEREBRO EN FORMA

PILAR 1: LA ALIMENTACIÓN

Sí, es verdad: somos lo que comemos. Durante mucho tiempo, la relación entre alimentación y salud cerebral se ha considerado como algo anecdótico. Pero hoy en día, por fin, hay evidencias que demuestran que consumir determinados alimentos y restringir la ingesta de otros ayuda a reducir el deterioro de la memoria y de la agilidad mental, a proteger el cerebro de algunas enfermedades y a maximizar su rendimiento. Los reyes de la salud mental son el pescado azul, las proteínas vegetales, los cereales integrales y las verduras, todos ellos comunes en la dieta mediterránea, de la que probablemente ya hayas oído hablar. En cambio, los más peligrosos son cualquier alimento con mucho azúcar, las grasas saturadas y las ácidos grasos trans, todos ellos típicos de la dieta estándar estadounidense (DEE).

Ahora que somos conscientes de que la alimentación afecta a nuestra salud cerebral, comer bien se convierte en una prioridad. El microbioma intestinal humano —esos trillones de bacterias que habitan en nuestros intestinos— desempeña un papel esencial en la salud y el funcionamiento de nuestro cerebro, y resulta que lo que comemos afecta a la fisiología del microbioma. Hay una sólida relación entre nuestros intestinos y el cerebro; por eso, muchos neurocientíficos se refieren a los intestinos como «el segundo cerebro».

En 2015, los investigadores del Rush Institute for Healthy Aging[8] crearon la dieta MIND —tras años de investigación sobre alimentación, envejecimiento y alzhéimer— para promover una senectud saludable del cerebro. Esta dieta parte de otras dos muy populares: la mediterránea y la DASH (Dietary Approaches to Stop Hypertension), las combina y modifica incorporando cambios dietéticos, respaldados por la ciencia, que mejoran la salud del cerebro. MIND es el pegadizo acrónimo de Mediterranean-DASH Intervention for Neurodegenerative Delay. No es una dieta que proponga nada sorprendente: apuesta por las verduras —especialmente las de hoja verde—, los frutos secos, las bayas, las alubias, los cereales integrales, el pescado, la carne blanca, el aceite de oliva y —a quien le interese— el vino; y desaconseja la carne roja y procesada, la mantequilla y la margarina, el queso, la pastelería y otros dulces, las frituras y la comida rápida. Pero sí que resulta sorprendente lo apropiada que es para el cerebro. En un estudio que controlaba las repercusiones de este tipo de alimentación en casi mil participantes durante diez años, los investigadores demostraron que podía prevenir sensiblemente el deterioro cognitivo y reducir el riesgo de alzhéimer. La tercera parte de los participantes que obtuvo una menor puntuación en el seguimiento de la dieta —es decir, los que no la respetaron— mostró una tasa más rápida de deterioro cognitivo. En cambio, la tercera parte de los participantes con una mayor puntuación experimentó una tasa más lenta de deterioro. La diferencia de desgaste cognitivo entre el tercio más alto y el más bajo fue equivalente a aproximadamente siete años y medio de envejecimiento. Yo no renunciaría a esos siete años de envejecimiento prematuro, y estoy seguro de que tú tampoco.

Esa tercera parte con la puntuación más alta del seguimiento tuvo un 53 % menos de riesgo de desarrollar la enfermedad de Alzheimer. Aquellas personas en el tercio medio de puntuación también obtuvieron un 35 % de reducción del riesgo de desarrollar la enfermedad. Estudios posteriores han confirmado la efectividad de esta dieta; entre otros, uno publicado a finales de 2021 que demostraba que los participantes del estudio original que siguieron moderadamente la dieta MIND no tuvieron problemas cognitivos con el paso del tiempo.[9]

Si bien ningún alimento por sí solo es la clave para una buena salud cerebral, una combinación de alimentos saludables ayuda al cerebro a protegerse de las agresiones. Nunca es demasiado pronto para empezar. Piénsalo: lo que comemos en la juventud sienta las bases para proteger el cerebro durante nuestra última etapa. En esto iré haciendo hincapié. Y nunca es demasiado tarde para empezar con los cambios de estilo de vida que propone el libro, lo cual no quiere decir que no corra prisa. Un buen amigo mío acaba de cumplir sesenta años. No exagero si digo que es una de las personas más sanas y más en forma que conozco. Y resulta sorprendente que ni hace mucho ejercicio ni piensa demasiado en cómo estar en forma. Mantenerse activo forma parte de su día a día. Ese hábito, que ha sido clave en su vida, es un ejemplo de que resulta mucho más fácil mantener algo a punto que hacerle grandes reparaciones cuando ya está estropeado. Es un ejemplo que puedes aplicar tanto a tu hogar como a tu coche, a tu cuerpo o a tu cerebro.

Ya puedes ir despidiéndote de los regímenes estrictos y poco realistas. Aunque una dieta MIND te da unas pautas de referencia, puedes elaborar menús que se adecúen a tus gustos sin renunciar al propósito de cuidar tu salud cerebral. Hablamos de una forma de comer, no de seguir una dieta estricta. Es cierto que la comida debe ser una fuente de nutrición, pero también debería ser una fuente de placer. De vez en cuando, dejo de lado mis pautas dietéticas y saboreo plenamente otras delicias sin sentirme para nada culpable. En mi libro hay poco espacio para la culpa, porque escucho constantemente que esta emoción es muy mala para el cerebro.

• • •

Durante el programa, utilizaremos la palabra *nutrir* en lugar de *dieta*, y tratarás de seguir mi protocolo S.H.A.R.P., que recoge la mejor parte de una constatada «dieta» útil y presenta unas pautas nutricionales que se pueden personalizar:

S: Suprime o reduce drásticamente el consumo de sal y azúcar, y respeta el ABC. El «ABC» es un método recomendado por el Consejo Mundial sobre la Salud Cerebral para discernir entre los alimentos de máxima calidad (lista A), los que deberíamos moderar (lista B) y los que deberíamos limitar (lista C).[10]

H: Hidrátate.

A: Añade a tu dieta más ácidos grasos omega-3.

R: Reduce las raciones.

P: Planifica tus comidas por adelantado.

Cuando la gente me pregunta cuál es el mejor truco para optimizar el funcionamiento del cerebro, les respondo con la primera letra del acrónimo anterior: la «S». Es indiscutible que a todos nos convendría reducir el consumo de azúcar y de sal. Es la forma más fácil de transitar hacia alimentos más saludables y limitar la cantidad de porquerías procesadas que ingerimos.

Aunque es difícil hacer estimaciones precisas, el estadounidense medio consume unas veinte cucharaditas de azúcar al día; en su mayoría, en forma de fructosa altamente procesada, derivada del jarabe de maíz.[11] Supongo que la mayor parte del azúcar nos llega a través de líquidos —refrescos con gas, bebidas energéticas o zumos— o de alimentos procesados, especialmente, postres y tentempiés dulces. Como verás más adelante, el consumo de azúcar afecta a la salud cerebral en muchos aspectos, desde el aumento de los desequilibrios de azúcar en la sangre que aceleran de forma directa el deterioro cognitivo hasta la inducción de diabetes del tipo tres en el cerebro —una forma de diabetes asociada al alzhéimer—.

Y, aunque creamos que es más saludable reemplazar el azúcar refinado por sustitutos como el aspartamo, la sacarina o incluso productos seminaturales como la sucralosa, tales opciones tampoco son lo ideal. Los edulcorantes artificiales afectan a las bacterias intestinales (microbioma) y provocan disfunciones metabólicas, como la resistencia a la insulina y la diabetes, por lo que contribuyen a un aumento de la propia obesidad, para cuya solución se habían comercializado. Como ya sabes, estas son las mismas condiciones que incrementan el riesgo de deterioro y disfunción grave del cerebro. A menudo, nos planteamos hacer cambios nutricionales cuando queremos perder unos kilos de más o reducir el colesterol, pero te sorprenderás de lo rápido que se puede salir de la niebla cerebral y mejorar la función cognitiva con unos simples ajustes en tu alimentación. Por eso, la Semana 1 del programa la empezarás en la cocina. Y no tendrás que deshacerte de todos los dulces para siempre. Se puede satisfacer el deseo de tomar algo dulce con ingredientes naturales.

Al reducir el consumo del azúcar, también reducirás el de la sal, que en gran medida suele ir de la mano de los azúcares añadidos en muchos alimentos procesados. Desde hace tiempo, sabemos que la sal tiene que ver con el aumento del riesgo de hipertensión arterial, que a su vez eleva el riesgo de enfermedades cardiovasculares, ictus y otros problemas de salud. Pero las pruebas más recientes, además, demuestran que su consumo elevado puede activar una vía en el cerebro que provoca anomalías cognitivas. En otras palabras, una dieta alta en sal daña directamente el cerebro. Aunque estudios anteriores llevaron a los investigadores a pensar que una alta ingesta de sal provocaba principalmente una reducción del flujo sanguíneo hacia el cerebro, estas nuevas investigaciones apuntan a que desencadena una acumulación de proteínas TAU en el cerebro que interfieren en el correcto funcionamiento de las células cerebrales, lo que puede provocar un deterioro cognitivo y derivar, finalmente, en la demencia.[12] Las investigaciones también han revelado que una alta ingesta de sal daña la salud intestinal e inmunitaria.

Quizá te resulte difícil saber qué cantidad de sal estás consumiendo, porque en gran medida se esconde en la comida procesada. Por eso, siempre te será beneficioso limitar o —idealmente— evitar los alimentos salados. Y la otra buena noticia es que ha quedado demostrado que algunos de los efectos negativos atribuidos a un exceso de sal pueden revertirse tras doce semanas de una alimentación baja en sal. Si durante la primera semana te empeñas en controlar tu consumo de sal, al final de este programa es posible que hayas sorteado cualquier disfunción vascular o cognitiva que se haya desarrollado solo por ese consumo anterior. Ten en cuenta que muchas veces las palabras *sal* y *sodio* se usan indistintamente. El sodio hace referencia a un mineral y es uno de los dos elementos químicos que se encuentran en la sal (cloruro de sodio), el compuesto cristalino que se usa en las recetas y se echa a la comida. El sodio es el ingrediente de la sal que tiene efectos sobre el cuerpo, con lo que, en lo que nos atañe, no importa si lo llamamos sodio o sal. En exceso, ambos ingredientes pueden dañar el cerebro y provocar deficiencias cognitivas.

PILAR 2: LA ACTIVIDAD FÍSICA (NO SOLO EL «EJERCICIO»)

Esto no debería ser una sorpresa: la actividad física, ya sea aeróbica o anaeróbica (entrenamiento de fuerza), no solo es buena para el cuerpo, aún es mejor para el cerebro. ¡Piensa en la actividad física como si fuera el único superalimento del cerebro! De hecho, hasta ahora el ejercicio físico ha sido lo único que se ha documentado científicamente para mejorar la salud y el funcionamiento del cerebro. Si bien podemos registrar una correlación entre, por ejemplo, comer alimentos saludables y tener un cerebro más sano, la relación que existe entre estar en forma físicamente y mentalmente es evidente, directa e irrefutable. La actividad física puede aumentar tu capacidad intelectual porque te ayuda a incrementar, reparar y mantener las células cerebrales, y hace que estés más productivo y despejado a lo largo del día.

Prefiero utilizar el término *actividad física* en lugar de *ejercicio físico*, porque se percibe como algo más agradable y motivador y evita el hecho de asociarse a una tarea desagradable o temida. La actividad física significa algo más que hacer una tabla de ejercicios o flexiones: es algo vital para nuestra vida, es estar en movimiento constante. Quizá lo más relevante sea que moverse supone una de las formas más fiables de liberar una sustancia proteica conocida como factor neurotrófico derivado del cerebro (BDNF).[13] Un destacado neurocientífico la describió como «fertilizante para el cerebro».[14] Aparte de estimular el nacimiento de células cerebrales (neurogénesis), el BDNF ayuda a proteger las neuronas existentes, asegurando su supervivencia al mismo tiempo que favorece la formación de sinapsis —la conexión entre una neurona y otra—. Curiosamente, algunos estudios han demostrado que en pacientes con alzhéimer los niveles de BDNF son limitados.[15] Por lo que no es de extrañar que se estén buscando formas de aumentar el BDNF en el cerebro a través de hábitos básicos en el estilo de vida. En el número uno de la lista está la actividad física.

De todos modos, en esta área la máxima de «lo que es bueno para el corazón es bueno para el cerebro» no se cumple claramente. Mientras que una actividad física aeróbica intensa es mejor para el corazón, una actividad moderada —como caminar a paso ligero— parece ser mejor para el cerebro. Los científicos han especulado que en ambas situaciones se libera BDNF, pero el exceso de cortisol segregado con una actividad física intensa —especialmente si es prolongada— inhibe la función del BDNF.[16] Para tu corazón, sal a correr. Pero para tu cerebro, reduce el ritmo y camina a paso ligero. Lo ideal es planificar a diario actividades moderadas que sean lo suficientemente intensas como para aumentar el ritmo cardíaco y bombear más sangre nutritiva en todo el cuerpo —y en el cerebro—. Luego, durante la semana, planifica ir haciendo ejercicios de fuerza para reforzar la salud ósea y muscular. Una mayor masa muscular también significa más flujo sanguíneo hacia el cerebro, así como una mayor producción de BDNF. Hay muchas evidencias de que realizar algo de entrenamiento cardiovascular y muscular mediante actividades cotidianas —como caminar, levantar objetos o subir escaleras— es beneficioso. Aparte de eso, deberás hacer un esfuerzo extra para aumentar tanto el rendimiento cardíaco como el muscular. No es necesario que te subas a la temida cinta de correr ni que levantes pesas cada día, pero tendrás que pensar en cómo incrementar tu ritmo cardíaco a diario y en hacer algo de ejercicio muscular dos o tres días alternos por semana. No voy a marcarte unas pautas estrictas, pero es importante que registres el «ejercicio» que vayas haciendo durante el programa. Si llevas un registro de tus ejercicios y evalúas cómo te sientes, puedes hacer modificaciones para lograr una rutina adecuada *para ti*.

La actividad física es lo más beneficioso para mejorar el funcionamiento cerebral y aumentar la resiliencia frente a las enfermedades. Es probable que estar en buena forma física sea el ingrediente prioritario para que vivas el máximo de tiempo posible, a pesar de los otros factores de riesgo que presentes —incluso la edad y la genética—. Y, aunque sea difícil de creer, insisto en que moverse de forma regular es el único hábito que ha demostrado científicamente desencadenar efectos biológicos que ayudan al cerebro. Aún es demasiado pronto para afirmar que el movimiento regular puede revertir la deficiencia cognitiva y la demencia, pero se están reuniendo evidencias en este sentido. El ejercicio puede frenar la pérdida de memoria, y nuevas investigaciones demuestran que es capaz de recuperar el deterioro cognitivo en ratones, hecho que allana el camino para iniciar estudios en humanos.[17] Recuerda: un cuerpo en movimiento tiende a mantenerse en movimiento. Y, si no has estado moviéndote o sudando de forma regular, empezar hoy puede proteger tu cerebro de forma significativa más adelante. Repito, ¡nunca es demasiado tarde ni demasiado pronto! Es posible que el movimiento físico sea la inversión más rentable en uno mismo, es un antídoto contra muchos factores que influyen en el riesgo de deterioro.

NO SUBESTIMES EL PODER DE LA MASA MUSCULAR

Cuando alguien piensa en hacer «ejercicio», le vienen a la cabeza actividades que ponen en marcha principalmente el sistema cardiovascular. Pero no te olvides de desarrollar y mantener tu masa muscular, uno de los héroes anónimos del cuerpo. De hecho, la pérdida de tejido muscular contribuye significativamente al deterioro físico que, a su vez, repercute en el cerebro. Diferentes estudios pretenden demostrar la relación entre la salud muscular física y la salud cerebral, aunque hay algo que resulta evidente: tener poca masa muscular va asociado a deterioro cognitivo y a un riesgo de demencia más elevados.[18]

El envejecimiento conlleva una pérdida gradual y natural de la masa muscular, que con el paso del tiempo se acelera a medida que nos hacemos mayores, a menos que hagamos un esfuerzo deliberado para mantener la masa y la fuerza musculares. Existe una relación entre el estado de nuestra masa muscular y la duración de nuestra vida. La pérdida progresiva de masa y función muscular que ocurre típicamente con el envejecimiento se llama *sarcopenia* y disminuye nuestra capacidad para realizar tareas cotidianas básicas, erosionando a la larga nuestra calidad de vida. En pocas palabras, la masa muscular y la fuerza son fundamentales para la supervivencia, y perderlas no es inevitable.

En 2021, los Centros para el Control y Prevención de Enfermedades (en inglés: Centers for Disease Control and Prevention, o por sus siglas, CDC) llevaron a cabo un amplio estudio en el que se descubrió que el deterioro cognitivo es dos veces más común en adultos inactivos que en adultos activos.[19] Y, sorprendentemente, el estudio destacó que casi un 11,2 % de adultos estadounidenses de cuarenta y cinco años o más padecen lo que se conoce como «deterioro cognitivo subjetivo»; es decir, se dan cuenta de que, en el último año, su línea de pensamiento se desvía, se confunden o tienen olvidos con más frecuencia. La prevalencia de este deterioro cognitivo subjetivo va en aumento a medida que disminuye el nivel de actividad física. Así pues, la lección es clara: muévete más y con mayor frecuencia. No te quedes sentado durante más de una hora sin levantarte y moverte un poco.

Hace unos años visité el pueblo indígena de los Tsimane, en plena selva amazónica. Me interesaba porque se creía que eran las personas con el corazón más sano del mundo. Además, cuando estuve allí, los investigadores compartieron nuevos datos que mostraban que este pueblo no tenía apenas indicios de diabetes ni de demencia. Aquellos científicos opinaban que uno de los factores cruciales para ello era que se movían constantemente. Las únicas personas a las que me encontré sentadas eran los miembros más ancianos de la tribu. Durante el día, la mayoría de ellos estaban de pie o caminando —evidentemente, se sentaban para comer—. Raras veces los vi correr. Para cazar, simplemente aceleraban el paso y perseguían a su presa hasta que el animal se cansaba, entonces, le propinaban el golpe de gracia. La media de pasos diarios que hacían rondaba los diecisiete mil; que no es poco, pero al mismo tiempo nada descabellado. Parecía que a los tsimanés el movimiento moderado les proporcionaba muchos beneficios. Es algo que podríamos incorporar a nuestra vida cotidiana. ¡No te detengas! Recuerda que el sedentarismo es responsable de muchas enfermedades. Estar demasiado tiempo sentado degrada el cuerpo y el cerebro.

No todos podemos estar activos todo el día. Se ha demostrado que levantarse para realizar una actividad ligera, como por ejemplo andar durante dos minutos cada hora, puede proporcionar un 33% menos de probabilidades de morir en un periodo de tres años.[20] ¡Dos minutos! Con un corto periodo de tiempo puedes reforzar mucho la prevención. Apenas ciento veinte segundos cada hora contrarrestan los efectos nocivos que el hecho de estar sentado de forma prolongada tiene sobre el organismo.

LA MAGIA DE LA ACTIVIDAD FÍSICA

Desde hace tiempo, se sabe que la actividad física regular, que aumenta el flujo sanguíneo e incrementa la masa muscular, tiene mucho que ver con la salud cerebral. Un factor importante es que, gracias a esa actividad, se controla el azúcar en la sangre. Usar el azúcar como combustible para los músculos ayuda a prevenir las fluctuaciones drásticas de glucosa e insulina que aumentan el riesgo de demencia. Una constante actividad física de intensidad moderada ayuda, además, a reducir la inflamación, algo crucial para prevenir la demencia. Ten en cuenta además estos otros beneficios:

- Reducción del riesgo de muerte por todas las causas.
- Mayor vigor, fuerza, flexibilidad y energía.
- Mayor tono muscular y salud ósea.
- Aumento de la circulación sanguínea y linfática y del aporte de oxígeno a células y tejidos.
- Sueño reparador.
- Reducción del estrés.
- Mayor autoestima, confianza y sensación de bienestar.
- Secreción de endorfinas, las sustancias químicas del cerebro que levantan el ánimo y alivian el dolor de forma natural.
- Disminución de los niveles de azúcar en la sangre y del riesgo de resistencia a la insulina y diabetes.

- Distribución ideal del peso y reducción de la circunferencia de la cintura.
- Mejor salud del corazón con menor riesgo de enfermedad cardiovascular y de presión arterial alta.
- Disminución de la inflamación y del riesgo de enfermedades relacionadas con el envejecimiento, desde el cáncer hasta la demencia.
- Un sistema inmunitario más fuerte.

Una actividad física adecuada que estimule el cerebro incluye una combinación de ejercicios aeróbicos y cardiovasculares —por ejemplo, natación, ciclismo, *footing*, clases colectivas de cardio o tenis—, ejercicios de fuerza —pesas, bandas elásticas, máquinas de gimnasia, pilates sobre colchoneta o sentadillas— y rutinas que fomenten la flexibilidad, la coordinación y el equilibrio —estiramientos o yoga—. Pero no pienses solo en términos de hacer ejercicio físico de manera pautada. Sobre todo se trata de llevar una vida físicamente activa: subir las escaleras en lugar de coger el ascensor, evitar permanecer sentado durante mucho tiempo, salir a pasear durante los descansos, realizar las tareas domésticas o practicar aficiones como el baile, el senderismo o la jardinería.

Si todavía no estás moviéndote lo suficiente, empezarás a hacerlo en la Semana 2. Para mí, moverse de modo regular es un ritual diario no negociable, como lavarme los dientes. Para ti, también tiene que serlo.

PILAR 3: EL DESCANSO (EN HORARIO DIURNO)

No es el estrés lo que nos mata,
sino nuestra reacción al mismo.

Hans Selye

Al doctor Hans Seyle se le atribuye haber acuñado el término *estrés* tal como lo usamos hoy en día. Se le considera uno de los padres fundadores de la investigación sobre el estrés. En 1936, definió el estrés como «la respuesta inespecífica del cuerpo a cualquier demanda de cambio». Su trabajo siguió los pasos de su predecesor, el doctor Walter Bradford Cannon, que fue decano del departamento de Fisiología en la facultad de Medicina de la Universidad de Harvard e introdujo el término «lucha o huida» para describir la respuesta de los animales ante una amenaza. Seyle propuso que, sometidos a un estrés persistente, tanto los seres humanos como los animales podían desarrollar ciertas afecciones potencialmente mortales, como infartos de miocardio o derrames cerebrales, que antes se creía que solo estaban causadas por patógenos específicos.

Fue una idea revolucionaria en su momento, pero hemos llegado a aceptarla como un hecho gracias a las numerosas demostraciones científicas recogidas a lo largo del siglo pasado del impacto que la vida y las experiencias cotidianas tienen no solo sobre nuestro bienestar emocional, sino también sobre nuestra salud física. Es interesante saber que la palabra *estrés*, relacionada con las emociones, no pasó a formar parte del vocabulario cotidiano hasta la década de 1950. Luego su uso se hizo aún más común con el inicio de la Guerra Fría, una época plagada de miedos, y se tendió a usar la palabra *estrés* para describir el temor a una guerra atómica. En la actualidad seguimos utilizando esa palabra para describir cualquier hecho que nos perturbe emocionalmente, ya sea la amenaza de una guerra mundial, los conflictos en nuestras relaciones o unas situaciones laborales complejas.

En una escala del uno al diez, siendo diez el grado más alto, ¿cómo calificarías tu nivel de estrés? ¿Y si te dijera que el estrés es un desencadenante directo de la neurodegeneración silenciosa, que empieza años antes de que se desarrolle algún síntoma? Vamos a ver, el objetivo de vivir sin estrés no es realista, ni merece la pena. Pues el estrés es necesario. Es lo que nos ayuda a levantarnos de la cama por la mañana, a estudiar para un examen y a estar motivados para tener nuevas experiencias. El estrés no es nuestro enemigo, pero el estrés constante es una de las principales causas de las peores crisis sanitarias en los países más ricos, incluida la mala salud mental. Robert Sapolsky, en su libro de referencia *Por qué las cebras no tienen úlcera*, señala que, cuando una cebra huye de un depredador, alcanza unos niveles de estrés fuera de lo común, pero, cuando se siente libre de todo peligro, pasta feliz y sin estrés. Los humanos hemos de aprender a vivir más como las cebras.

El tercer pilar, el descanso, abarca muchos aspectos, desde encontrar formas de disminuir tu estrés psicológico hasta asegurarte de que le estás dando a tu cerebro los descansos físicos necesarios para reorganizarse y recuperarse.[21] Me refiero a esas pausas durante el día en las que realizas alguna actividad placentera, meditativa y reductora del estrés.

Relajarse o tomarse un respiro no es solo una necesidad biológica para el cuerpo, nuestro cerebro también necesita descansar. Numerosos estudios especializados demuestran constantemente que el estrés crónico puede mermar la capacidad de aprendizaje y de adaptación a nuevas situaciones, y erosionar sutilmente la cognición. Más concretamente, el estrés destruye células del hipocampo, la parte del cerebro responsable de almacenar y recuperar la memoria. Por lo tanto, reducir el estrés no solo ayuda a preservar las células vitales para la memoria, sino que también mejora la atención, la concentración y la productividad. Además, menos estrés proporciona más tranquilidad. Y no podemos dejar de lado que el estrés influye en los niveles de ansiedad y en el estado de ánimo general, que a su vez afectan al riesgo de depresión y favorecen la inflamación.

Hay muchas formas de reducir nuestros niveles de estrés. Sobran las ideas: ejercicios de respiración profunda, clases de yoga reparador —o incluso diez minutos de estiramientos reconfortantes—, paseos en plena naturaleza —terapia a través de la naturaleza—, escribir un diario, leer un buen libro, escuchar música, practicar *mindfulness* a través de la meditación, hablar con un amigo, pasar tiempo con nuestra mascota o, incluso, soñar despierto. Este programa servirá para que encuentres qué es lo que más se adapta a ti y para planificar más momentos de tiempo libre en tus jornadas, independientemente de lo frenéticas que sean. Algunas actividades para tener un tiempo de descanso, como por ejemplo ir a un balneario, requieren mayor planificación, pero esos pequeños momentos de descanso diarios son igual de importantes, y no podemos pasarlos por alto.

En tu caso, programar una alarma en tu móvil a una hora concreta cada día para hacer algo relajante quizá te proporcione unos resultados fantásticos de inmediato.

Siempre me ha impresionado lo rápido que funcionan algunas de estas técnicas. Para relajarnos solo necesitamos noventa segundos de ejercicios de respiración que calmen nuestro sistema nervioso. Cuando estamos estresados, se activa el sistema nervioso simpático de nuestro cuerpo. Esta es la respuesta de lucha o huida que aumenta nuestra presión arterial, constriñe nuestros vasos sanguíneos y nos provoca un nudo en el estómago. Es como pisar más fuerte el acelerador del coche. El sistema nervioso parasimpático es todo lo contrario: es el sistema para descansar y digerir. Permite que el cuerpo se relaje, que se abran las vías respiratorias e incluso mejora la salud emocional. He aquí la buena noticia: unas cuantas respiraciones abdominales profundas desde el diafragma pueden cambiar rápidamente nuestra fisiología e inclinar la balanza hacia la respuesta parasimpática. Como se trata de algo muy fácil de hacer, la gente a menudo subestima el increíble poder de las respiraciones profundas hechas a conciencia. Pero ahora que sabes qué es el sistema nervioso parasimpático y cómo controlarlo, es probable que adoptes esta técnica y, con suerte, animes a tus allegados a que hagan lo mismo.

Espero que al menos intentes uno de los ejercicios de respiración y que este programa te ofrezca un buen abanico de estrategias que puedas incorporar en tu vida de forma inmediata. El estrés siempre existirá, pero no tiene por qué afectarte negativamente. Lo más importante es cómo respondes y cómo aligeras la carga de estrés en tu día a día.

PILAR 4: EL SUEÑO REPARADOR

Incluso un alma sumergida en el sueño está trabajando duro y ayuda a hacer algo en el mundo.

Heráclito

El sueño, por supuesto, es el descanso por excelencia. Dormir mal puede dañar la memoria y, con el tiempo, aumentar el riesgo de padecer enfermedades cerebrales graves.[22] Dos tercios de quienes vivimos en el primer mundo sufren privación crónica del sueño. Son decenas de millones de personas.

La insuficiencia crónica del sueño nos expone a un mayor riesgo de demencia, depresión y trastornos del estado de ánimo, problemas de aprendizaje y memoria, cardiopatía, presión arterial alta, aumento de peso y obesidad, diabetes, lesiones relacionadas con caídas, disfunción inmunitaria y cáncer. Incluso puede provocar sesgos en nuestro comportamiento, haciendo que a la hora de tomar decisiones centremos toda la atención en las partes negativas. El sueño es esencial para consolidar nuestros recuerdos y archivarlos de modo que podamos recordarlos más adelante. Las investigaciones demuestran que unas breves ráfagas de actividad cerebral durante el sueño profundo, llamadas «husos del sueño», trasladan los recuerdos recientes —y también lo que hemos aprendido ese día— de la parte del hipocampo, dedicada al corto plazo, hasta el «disco duro» de nuestro neocórtex.[23] En otras palabras, el sueño limpia el hipocampo para que pueda reunir información nueva, que luego procesa. Sin el sueño, esta organización de la memoria es imposible.

El déficit de sueño, aparte de afectar a la memoria, impide que procesemos la información. De modo que sin él no solo nos falta la capacidad de recordar, sino que ni siquiera podemos interpretar la información —para asimilarla y reflexionar sobre ella—. Uno de los hallazgos más recientes y fascinantes sobre el sueño ha sido el descubrimiento de sus efectos de «limpieza» del cerebro.[24] El cuerpo elimina los residuos y los líquidos de los tejidos a través del sistema linfático, que trabaja a toda máquina durante el sueño. El cerebro tiene un «ciclo de limpieza» para eliminar los residuos metabólicos y los desechos, incluidas las proteínas pegajosas que pueden contribuir a la aparición de placas amiloides en los cerebros enfermos. El sueño es un catalizador que activa este proceso de limpieza. De hecho, las señales eléctricas del cerebro que se activan durante el sueño de ondas lentas son las que ayudan a poner en marcha el ciclo de limpieza. Si no duermes lo suficiente como para alcanzar el sueño de ondas lentas, que es la fase más profunda del sueño, sin movimiento ocular rápido (NREM, también llamado «sueño profundo»), no eliminas esos residuos. En 2019, unos investigadores registraron las ondas de actividad eléctrica que eran seguidas por ondas del líquido cefalorraquídeo que circula por el cerebro.[25]

El déficit de sueño no es algo para celebrar, ni siquiera es algo de lo que se pueda presumir. Si crees que levantarte a las cuatro de la mañana habiéndote acostado a medianoche supone un triunfo, replantéatelo. No existen datos que demuestren que la gente que tiene más éxito duerme menos, aunque famosos y grandes emprendedores tiendan a ensalzar las virtudes de sus largas vigilias nocturnas seguidas de desmesurados madrugones. Espero que empieces a dar prioridad a tu sueño. Junto con las estrategias para reducir el estrés, la calidad del sueño será uno de los elementos clave de este libro. Todo el mundo necesita entre siete y nueve horas de sueño nocturno y, aun así, los estadounidenses duermen menos de siete horas por noche, unas dos horas menos que hace un siglo.

El doctor Matthew Walker, profesor de neurociencia y psicología en la Universidad de California en Berkeley, es uno de los investigadores pioneros en el campo del sueño.[26] Solía decir que el sueño es el tercer pilar de la buena salud, junto con la alimentación y la actividad física. Pero, en vista de sus últimos descubrimientos sobre cómo el sueño ayuda al cerebro y al sistema nervioso, ahora divulga que dormir es lo más eficaz que podemos hacer para restablecer nuestro cerebro y nuestro cuerpo, así como para tener una vida sana durante más tiempo. ¿Crees que puede ser ineficaz algo a lo que dedicamos unos veinticinco años de nuestra vida?

Contrariamente a las creencias populares, el sueño no es un estado de inactividad neuronal. Es una fase crítica durante la cual el cuerpo se repone de muchas formas distintas que, en última instancia, afectan a todos los sistemas, desde el cerebro hasta el corazón, el sistema inmunitario y todo el funcionamiento interno de nuestro metabolismo. Es normal que el sueño cambie con la edad, pero no es normal que sea de mala calidad. Aunque algunos trastornos del sueño, como la apnea del sueño y el despertar precoz, se vuelven más frecuentes con la edad, muchas veces se pueden tratar aplicando sencillos cambios en el estilo de vida.

Este libro te ayudará a recuperar tu derecho a dormir bien y a conseguirlo con regularidad.

PILAR 5: EL APRENDIZAJE CONTINUO

Por cada año adicional que sigas trabajando, reduces en un 3,2 % el riesgo de padecer demencia.[27] Vuelve a leer esta frase. Indica que, por muy extraño que parezca, el trabajo constante es lo que nos protege de la demencia. Está bien, quizá no sea una cifra demasiado alta, pero esa cifra en una vida real es enorme. El estudio en el que se basó este hallazgo incluyó a casi medio millón de personas y demostró que quienes se jubilaban a los sesenta y cinco años tienen aproximadamente un 15 % menos de riesgo de sufrir demencia que las personas que se retiran a los sesenta años, incluso teniendo en cuenta otros factores. Seguir activo laboralmente —especialmente, si es algo que resulta satisfactorio— suele mantener a las personas no solo mentalmente estimuladas y socialmente conectadas, sino también más activas físicamente. Es decir, aporta todo aquello que sabemos que protege la cognición. ¿A qué moraleja llegamos? Jubílate lo más tarde posible, o no dejes nunca de trabajar. ¡La reina Isabel II trabajó hasta su muerte, a los noventa y seis años!

Sin duda, es un hecho sorprendente, porque mucha gente piensa que será más activa físicamente cuando deje de trabajar. Sin embargo, sucede todo lo contrario. Es más probable que sigas físicamente activo si trabajas más años.

¿En qué se basa este descubrimiento científico? Trabajar desarrolla nuestra reserva cognitiva y la mantiene, porque se le está exigiendo al cerebro que siga pensando, creando estrategias, aprendiendo y resolviendo problemas. La reserva cognitiva es un reflejo de cómo hemos estimulado nuestro cerebro durante los años a través de la educación, el trabajo y otras actividades. La evidencia epidemiológica sugiere que la gente con un alto coeficiente intelectual, con estudios superiores, que han triunfado profesionalmente y que en su tiempo libre practican hobbies o algún deporte, tienen menos riesgo de desarrollar el alzhéimer. Estas actividades obligan al cerebro a estar continuamente aprendiendo y en activo para, en última instancia, generar nuevas conexiones y reforzar las existentes. No en vano, los estudios con animales demuestran que la estimulación cognitiva aumenta la densidad de neuronas, sinapsis y dendritas. En pocas palabras, la estimulación cognitiva fomenta un cerebro más resistente a las enfermedades, como por ejemplo la demencia.

Para estimular tu cerebro no es necesario que desempeñes un trabajo con el que ganarte la vida. Participar como voluntario o involucrarte en actividades sociales o familiares también puede estimular tu cerebro. El aprendizaje continuo que se produce cuando desafías constantemente a tu cerebro —mediante una actividad específica— parece ser la clave para reforzar tu salud cerebral a medida que vas envejeciendo.[28]

En 2022, investigadores del University College London anunciaron que tener una meta va asociado a una reducción del 19% de la tasa de deterioro cognitivo, dato clínicamente significativo.[29] Y realizar un trabajo mentalmente estimulante podría posponer un año y medio la aparición de la demencia.

Por desgracia, la mayoría de la gente se equivoca al definir las actividades cognitivamente estimulantes que favorecen el aprendizaje continuo. Aunque los juegos, los rompecabezas o los videojuegos tengan sus tiempos y sus espacios, no dejes que esas actividades te alejen de las que, desde el punto de vista cognitivo, son verdaderamente estimulantes: iniciarte en una nueva afición, como la pintura o la fotografía digital, o incluso aprender un nuevo programa informático o un idioma. Sentir que quieres alcanzar una meta también te ayudará a mantener la plasticidad de tu cerebro y a preservar la reserva cognitiva. Tener un propósito implica amar la vida y las posibilidades que te ofrece. Tener objetivos por cumplir sirve de freno a la depresión, que es bastante común en la vejez y es un factor de riesgo enorme en sí mismo para el deterioro de la memoria, los ictus y la demencia.

Lleva una vida rica, activa, dinámica y compleja.

Doctor Adam Gazzaley, profesor de neurología, psicología y psiquiatría de la Universidad de California en San Francisco.

PILAR 6: LAS RELACIONES SOCIALES

Seamos agradecidos con las personas que nos hacen felices; son los encantadores jardineros que hacen florecer nuestra alma.

Marcel Proust

Solemos subestimar el papel que desempeñan en la salud nuestras amistades o nuestras parejas sentimentales. Pero son clave para el bienestar y para prevenir el deterioro cognitivo. ¡Y mucho! El contacto social aumenta la reserva cognitiva y estimula conductas beneficiosas. Varios estudios realizados con miles de personas durante décadas han demostrado que quienes en la mediana edad disfrutan de un entorno social amplio tienen menos probabilidades de desarrollar demencia más adelante. Somos seres sociales que necesitamos tener relaciones sociales para prosperar; especialmente, en lo que atañe a la salud cerebral. Un análisis de los datos muestra que mantener vínculos estrechos con amigos y familiares, así como participar en actividades sociales, ayuda a mantenerte mentalmente activo y a consolidar una buena memoria. Y no hay que medir solo el número de relaciones sociales que tengas. El tipo, la calidad y la finalidad de esas relaciones también afectan a tus funciones cerebrales.

Durante la pandemia, descubrí un valioso punto de vista de la doctora Stephanie Cacioppo de la Universidad de Chicago, investigadora sobre la soledad. En mi pódcast, le expliqué que si bien tengo una relación sumamente cercana con mis padres, las últimas veces que hablé por teléfono con ellos las conversaciones habían sido cada vez más triviales. «Bien» era la respuesta que obtenía cuando les llamaba para saber cómo estaban. Cacioppo me sugirió que, la próxima vez que hablara con ellos, hiciera algo fuera de lo habitual: pedirles ayuda. No tenía por qué ser nada demasiado importante, podía incluso ser algo relativamente sencillo. Mis padres son ingenieros de automoción, así que decidí preguntarles por el humo que había visto salir de debajo del capó de mi coche. Enseguida se involucraron, se pusieron las gafas y me pidieron que abriera el capó y se lo enseñara por FaceTime. Al día siguiente, volvieron a llamar y me dieron un diagnóstico del problema. Este pequeño comienzo nos llevó a tener conversaciones más profundas sobre otros temas. Estrategias de este cariz se pueden aplicar a cualquier relación, no solo a las familiares. Tal vez sea una lección obvia, pero todo el mundo desea que sus relaciones tengan una razón de ser, y esa fue una forma fácil y auténtica de redirigir la nuestra.

La segunda lección es que nuestras relaciones más profundas suelen establecerse con aquellas personas con las que podemos mostrarnos vulnerables, imperfectos y, en ocasiones, necesitados de ayuda. Pedir ayuda a mis padres, a pesar de que ya soy un adulto de cincuenta años, fue una sencilla forma de mostrarles mi vulnerabilidad y, al mismo tiempo, de profundizar en nuestra relación. Escucharás una y otra vez que en las relaciones es más importante la calidad que la cantidad. Esta es una estrategia para mejorar la calidad.

Cada vez está más demostrado que mantener relaciones sociales e interactuar con los otros con confianza puede amortiguar los efectos nocivos del estrés en el cerebro.[30] Las personas que conozco y que, a pesar de su avanzada edad, se siguen mostrando divertidas y alegres son las que mantienen amistades de gran calidad, familias afectuosas y una red social expansiva y dinámica.

El problema es que, en nuestra sociedad, el aislamiento social y el sentimiento de soledad van en aumento. Es la paradoja de nuestra era: estamos hiperconectados gracias a la tecnología y, aun así, cada vez nos vamos distanciando más los unos de los otros y sufrimos la soledad, porque nos faltan relaciones auténticas. Esta carencia de conexiones reales tiene proporciones epidémicas y estamos padeciendo consecuencias físicas, mentales y emocionales nefastas; especialmente, entre los más mayores. Aproximadamente una tercera parte de los estadounidenses mayores de sesenta y cinco años y la mitad de los mayores de ochenta y cinco viven solos.

La gente con menos relaciones sociales auténticas presenta patrones del sueño interrumpidos, sistemas inmunitarios alterados, mayor inflamación y niveles más altos de hormonas del estrés. Se ha descubierto que el aislamiento aumenta el riesgo de enfermedad coronaria en un 29 % y el de ictus en un 32 %, y está demostrado que la soledad acelera el deterioro cognitivo en las personas mayores.[31] En un estudio realizado con tres millones y medio de personas, la gente que estaba sola la mayor parte de su tiempo tenía un 30 % más de riesgo de morir en los siete años siguientes. Y, sorpresa: ¡este efecto era mayor en personas menores de sesenta y cinco años![32] A mí estos datos me dicen algo: que preste tanta atención a mis relaciones como a mi salud a través de la dieta y el ejercicio. Una socialización de alta calidad es un signo de vitalidad.

Nunca fui una persona con grandes dotes sociales. Algunos me describían como alguien socialmente torpe, pero no creo que ese fuera el problema, sino más bien que no sabía apreciar la importancia de las relaciones sociales. Las disfrutaba, pero consideraba que el tiempo de socialización era un lujo o una frivolidad, sobre todo porque pasaba muchas horas del día estudiando para ser neurocirujano. Sin embargo, durante la pandemia cambié completamente de opinión. Es cierto que en casa, entre mi mujer y mis tres hijas adolescentes, tenía bastante entretenimiento pero necesitaba algo más, como nos ocurrió a muchos durante el confinamiento. Al no poder pasar tiempo con mis amigos y mi familia más lejana, me di cuenta de que los echaba en falta más de lo que hasta entonces había creído. Me percaté de que algo no iba bien, no solo por cómo me sentía, sino también por mi forma de pensar. Sentía que mi empatía empezaba a disminuir y que mi perspectiva era cada vez más sombría. En ocasiones, me parecía estar en una especie de ensoñación, sin realmente entender o enriquecerme de las experiencias y las vidas de las personas de mi entorno, aparte de las de mis familiares cercanos. Una tarde me reuní al aire libre con algunos amigos de confianza, y eso fue como un bálsamo para mi cerebro. Estaba más feliz, más conectado, lleno de empatía y, sí, más despierto. Hace poco, mi mujer se quedó boquiabierta cuando le propuse que llamara a los vecinos para que cenáramos juntos. Disfruté de su compañía, pero además ahora sé que estoy invirtiendo de forma tangible en mi salud cerebral.

Y, si aún no estás convencido del todo, te invito a que veas la popular charla TED del doctor Robert Waldinger sobre las relaciones (*«What makes a good life?»*) que ha sido visionada decenas de millones de veces. Psiquiatra del Massachusetts General Hospital y profesor de psiquiatría de la facultad de Medicina de Harvard, Waldinger dirige un estudio sobre el desarrollo adulto que analiza cómo influyen en la salud las relaciones personales.[33] Se ha convertido en el estudio científico más extenso sobre la felicidad jamás realizado. Resulta que el hecho de que tengamos gente a nuestro alrededor en quienes podamos confiar determina en gran medida nuestra felicidad y nuestra función cognitiva. La fuerza de nuestras relaciones sociales puede *predecir* la salud tanto de nuestro cuerpo como de nuestro cerebro a lo largo de la vida. Las buenas relaciones nos protegen. Y no hay nada más que alegar.

Así pues, en este programa trabajarás tanto tus relaciones como tu salud física. Prepárate para hablar con desconocidos y ampliar tu red social. No es necesario que estés casado o que tengas una pareja estable para obtener resultados. Es un trabajo que abarca todas tus relaciones, desde las amistades informales hasta las familiares, desde tus compañeros de trabajo, de clase o de deporte hasta los grupos de estudio, tus vecinos y también a esas personas que conoces espontáneamente y a la gente que hace servicios para ti, como un reparador de electrodomésticos o un mensajero. Prepárate para que tus relaciones sociales sean más profundas: son el ingrediente mágico para tener una vida larga e intensa.

> *Vive en habitaciones llenas de luz. Evita la comida pesada. Bebe vino con moderación. Date masajes, báñate, haz ejercicio y gimnasia. Combate el insomnio meciéndote suavemente o escuchando el sonido del agua. Cambia de entorno y haz viajes largos. Evita estrictamente las ideas aterradoras. Disfruta de las conversaciones alegres y las diversiones. Escucha música.*
>
> —*De Medicina*, Aulo Cornelio Celso, 25 a. C. - 50 d. C.

DA UN PASO MÁS Y PREPÁRATE PARA EL CAMINO QUE TE ESPERA

COMPROMISO

El primer paso es el compromiso. En realidad, el hecho de elegir leer este libro ya implica cierto compromiso, pero es posible que necesites un empujoncito extra. Piensa en qué quieres conseguir con este programa, más allá de un cerebro mejor. Marca tus respuestas en el siguiente «Cuestionario de compromiso»:

CUESTIONARIO DE COMPROMISO

- ❑ Más vitalidad.
- ❑ Más productividad.
- ❑ Más confianza y autoestima.
- ❑ Relaciones más profundas.

- ❑ Perder peso.
- ❑ Más alegría y optimismo.
- ❑ Jovialidad.
- ❑ Aliviar o prevenir afecciones crónicas.
- ❑ Menos dolores y molestias.
- ❑ Menos ansiedad, preocupación o sentimientos de depresión.
- ❑ Mayor resiliencia ante factores de estrés.
- ❑ Un sueño más profundo.
- ❑ Estar en forma física y (sentirte bien con tu cuerpo).
- ❑ Reforzar la inmunidad.
- ❑ Sensación de mayor control vital.
- ❑ Más tiempo para hacer lo que quieras (¡divertirte más!).

¡Espero que hayas marcado casi todas las casillas! Porque, si te comprometes a seguir este programa, todas son factibles. Recuerda, solo pretendo compartir unos conocimientos que humildemente he adquirido, porque estoy convencido de que mejorarán tu salud cerebral. La mayoría de nosotros nunca habíamos intentado mejorar nuestro cerebro porque creíamos que era una utopía. Por eso, incluso los pequeños cambios tendrán un gran impacto. Por otro lado, es posible que la última casilla sobre el tiempo te parezca algo ilógica. Pero ¿sabes qué? Cuando te comprometas a lograr una buena salud cerebral, todo lo demás fluirá de forma más eficiente y no perderás tanto tiempo. Dicho de otro modo, concéntrate en tu cerebro y todo lo demás llegará.

El cerebro es tu núcleo primordial. Es lo que hace que tú seas *tú*. Tu corazón palpita, sí, pero en última instancia es tu cerebro quien lo controla y el que determina tu calidad de vida y cómo percibes todo lo que te rodea. Sin un cerebro sano, no puedes tomar decisiones sanas —o tardarás demasiado tiempo en tomarlas—. Y un cerebro sano no solo implica tener un cuerpo o un peso adecuados, sino también más confianza en uno mismo, un futuro económico más sólido, mejores relaciones y más felicidad.

Para empezar, quitemos de en medio algunas excusas típicas:

- ***No tengo tiempo.*** Sí lo tienes. A todo el mundo le falta tiempo, pero todos priorizamos lo importante. Este programa no tiene por qué ser menos importante para tu bienestar que cepillarte los dientes —¡y pasarte el hilo dental!—. Cualquier cosa que merezca la pena se logra con paciencia, perseverancia y un esfuerzo gradual, sobre todo cuando los objetivos lo merecen y la inversión de tiempo es increíblemente rentable.

- ***No tengo lo que hay que tener para seguir este programa, me supera.*** Piensa en los avances, no en la perfección. Los pequeños progresos que hagas se convertirán en un gran cambio. Cada logro va sumando. Algunos lectores me han dicho que este programa les hizo sentir como si su cerebro corriera por primera vez, cuando antes solo gateaba. Esto debería inspirarte bastante. Además, no te olvides de que cuidarse a uno mismo no debería ser un ejercicio intermitente. No caigas en la trampa de ir abandonante una y otra vez. Cuando necesites afianzar tus rutinas y los nuevos hábitos, no seas autocomplaciente: no dejes de buscar incentivos. Cualquier estímulo puede ser de gran ayuda, desde unas vacaciones familiares o correr una maratón hasta la enfermedad de algún ser querido que haga que te plantees tu propia salud. Los incentivos que te marques te ayudarán a superar los momentos difíciles y te recordarán por qué decidiste cambiar de actitud. Confía en tus capacidades. Te daré espacio para que escribas cómo te sientes a lo largo del trayecto y te ayudaré a procesar las emociones negativas. Tener un cerebro sano no quiere decir que no pases días malos, pero será menos probable que esos días acaben contigo. Un cerebro sano buscará nuevos retos y dificultades, y se percatará de que esas experiencias lo fortalecen. La clave está en que tu actitud mental tiene mucho que ver con tu éxito. Si un día te sientes «decaído» y te desvías del camino, no tires la toalla. Mañana será otro día. Si registras por escrito esos días difíciles, identificarás con mayor facilidad los patrones de conducta, las trampas y los obstáculos que te impiden sacar el mejor partido a este programa y adoptar un estilo de vida favorable para tu cerebro. Plantéatelo como si fuera una serie de retos divertidos, más que como una serie de tareas que hay que tachar de una lista. Y piensa en cómo te sentirás después: más despejado, más ligero, más confiado y más cerca de la persona que quieres ser. Los beneficios son enormes. No los pierdas de vista.

- *Seguro que no podré hacer algunos aspectos del programa, ni mantenerlos durante mucho tiempo.* He diseñado este programa para que sea flexible. Al fin y al cabo, hay casi mil millones de cerebros únicos en el planeta. Tómatelo como si fuera un menú. Uno de los objetivos es ayudarte a personalizar las mejores estrategias —basadas en la evidencia científica— que favorecen la salud cerebral para que se adapten a tu propia vida y a tus preferencias. Encontrarás muchas alternativas cuando te topes con una recomendación o un reto que no quieras hacer. Lo importante es que no permitas que ningún obstáculo te detenga. Si pasas por alto algún reto, no hay ningún problema. Simplemente, toma nota e intenta compensarlo más adelante o de alguna otra forma que dé resultado. Este programa no está pensado para que lo sigas al pie de la letra. Como he comentado, encuentra tu propio ritmo, respeta las necesidades de tu cuerpo y disfruta de este proceso. Desde el momento en que empieces a instaurar pequeños cambios en tu vida —alimentación, ejercicio, etc.— tu cuerpo experimentará múltiples cambios invisibles, que crearán y sentarán una base sólida para obtener resultados impresionantes en el futuro. Haz lo que puedas con lo que se te presente cada día y llegarás a buen puerto.

- *Nunca me he puesto en primer lugar. Tengo demasiadas exigencias externas. Fracasaré o volveré loca a mi familia.* No conozco a nadie que no se sienta algo culpable cuando decide ponerse por delante de los demás, incluidos sus seres queridos. Pero, si no te pones en primer lugar, no serás capaz de mostrar la mejor versión de ti mismo a los otros o a tus seres queridos. En los aviones siempre se pide a los pasajeros que, antes de ayudar a los demás, primero se pongan su máscara de oxígeno. ¿Por qué? Porque aumenta las posibilidades de supervivencia de todos. Pero entiendo cómo te sientes. Entre los plazos de entrega del trabajo, las tareas del hogar, la crianza de los hijos y cuidar de la familia, preocuparte primero de los otros es, en cierta medida, un acto reflejo. Lo entiendo. Estamos muy ocupados y tenemos muchas responsabilidades. Pero, sin una buena salud cerebral, ¿qué resultados habrá? ¿Cómo podrás ayudar a alguien más a alcanzar su máximo potencial si no trabajas en el tuyo propio? Cuando tu cerebro esté sano, te sentirás más presente y la gente se dará cuenta. Estarás menos agotado, controlarás mejor las situaciones y podrás actuar con decisión, tanto en el trabajo como en el ocio. Las personas que sacrifican sus propias necesidades por las de los demás están condenadas a agotarse y a sufrir un colapso cerebral. Y entonces todo el mundo sale perdiendo. Regálate este programa. Te lo mereces. Pide a tus familiares que te apoyen o, incluso, que te acompañen en este viaje. Si consigues que sea un esfuerzo compartido, iniciarás el punto de partida con ventaja. Incorpora a tu vida este programa como harías con cualquier otra obligación fundamental. Y no te rindas hasta que las lecciones y las actividades expuestas sean algo natural en tu vida.

Es posible que debas librar una batalla más de una vez para ganarla.

Margaret Thatcher

¿QUÉ TE DETIENE?

¿Qué te está frenando para que te comprometas a seguir el programa? Aunque todavía no conozcas los detalles, es posible que albergues dudas sobre cambiar tu estilo de vida y tus costumbres. Escribe aquello que pueda interponerse en tu camino

____

____

____

COMPROMÉTETE

Lo más importante que debes plantearte ahora es si sientes que estás preparado. Si lo estás, presta juramento repitiendo estas frases:

- Me tomaré en serio la salud y modificaré mi alimentación y otras conductas de por vida.

- Me esforzaré en darme prioridad a mí mismo y estar pendiente de qué hábitos ayudan o dificultan mi bienestar.
- Asumiré que no solo se trata de tener un mejor aspecto o de sentirme mejor, sino de hacer un cambio de vida que tendrá efectos positivos en todos los aspectos, desde un punto de vista espiritual, emocional, cognitivo y físico.
- ¡Dedicaré las próximas doce semanas a preparar el camino hacia un cerebro más activo toda la vida!

AUTOEVALUACIÓN: ¿HASTA QUÉ PUNTO QUIERES OPTIMIZAR TU SALUD CEREBRAL?

Antes de emprender cualquier viaje —especialmente este, que pretende mejorar tu salud cerebral— es útil que sepas dónde estás y si tienes margen de mejora. Soy un amante de los datos, sobre todo cuando se trata de una autoevaluación honesta sobre tu salud cerebral actual. Marca *Sí*, *No* o *No lo sé* como respuesta a las siguientes preguntas. Si tienes dudas entre un *Sí* o un *No*, elige *No lo sé* (que puede significar que no estás seguro o que sientes que a veces dirías claramente *Sí*, pero otras, *No*). Si te sirve de ayuda, también puedes interpretar el *Sí* como «Verdadero», el *No* como «Falso» y el *No lo sé* como «Verdadero, y a veces Falso».

Sé sincero y honesto contigo mismo. Nadie va a ver tus respuestas, a menos que decidas compartirlas. Estas preguntas pondrán de manifiesto y cuantificarán tus factores de riesgo para el deterioro cerebral. Se basan en datos, en la medida en que reflejan los descubrimientos científicos hasta la fecha. De todas formas, no temas marcar muchos *No*. Recuerda que nunca es tarde para empezar. El que tus hábitos actuales no sean saludables para tu cerebro significa que tienes mucho margen de mejora. El objetivo principal de este libro es llevarte hacia la senda correcta. A fin de cuentas, cuando más consciente seas de tus hábitos, tanto los positivos como los negativos, más capaz serás de realizar los cambios oportunos para mejorar tu salud mental.

Es sorprendente la cantidad de gente que exagera o subestima sus conductas. Solo se dan cuenta de sus puntos fuertes y débiles cuando se les ha obligado a evaluar y cuantificar realmente su estilo de vida. Esta evaluación te proporcionará información personal que en última instancia te servirá de guía para saber dónde debes poner más empeño para restaurar y mantener un mejor cerebro. Después del cuestionario, te animo a que anotes las tres áreas principales de tu vida a las que quieras dedicar más atención durante este programa de doce semanas. Muchos de estos factores de riesgo son modificables —y he omitido intencionadamente los factores de riesgo que no puedes controlar, como la genética, el sexo o la edad—. Recuerda: independientemente de tus genes o tu edad, puedes cambiar la trayectoria de tu salud cerebral a partir de hoy.

1. Tengo una vida social animada y satisfactoria, con un grupo de amigos y familiares con los que mantengo una relación estrecha.

SÍ | NO | NO LO SÉ

2 Mantengo una rutina regular de ejercicios que conlleva un reto físico, sube mis pulsaciones y, algunas veces, me deja casi sin aliento.

SÍ | NO | NO LO SÉ

3 Me muevo mucho durante el día y no paso demasiado tiempo seguido sentado.

SÍ | NO | NO LO SÉ

4 Tengo un peso adecuado.

SÍ | NO | NO LO SÉ

5 No tengo ningún problema cardiovascular ni metabólico (por ejemplo, presión arterial alta, resistencia a la insulina, diabetes o colesterol alto).

SÍ | NO | NO LO SÉ

6 No me han diagnosticado ninguna infección que pueda desembocar en inflamación crónica y pueda tener efectos neurológicos (por ejemplo, enfermedad de Lyme, herpes, sífilis o COVID persistente).

SÍ | NO | NO LO SÉ

7 No tomo ninguna medicación con posibles efectos secundarios sobre el cerebro (por ejemplo, antidepresivos, medicamentos para la ansiedad, medicamentos para la presión, estatinas, inhibidores de la bomba de protones o antihistamínicos).

SÍ | NO | NO LO SÉ

8 No he sufrido ninguna lesión traumática en el cerebro ni un traumatismo craneal en un accidente o practicando algún deporte de riesgo.

SÍ | NO | NO LO SÉ

9 No tengo historial de depresión.

SÍ | NO | NO LO SÉ

10 No tengo historial de abuso del tabaco o del alcohol.

SÍ | NO | NO LO SÉ

11 Duermo bien con regularidad, entre siete y nueve horas cada noche, y me levanto descansado casi todas las mañanas.

SÍ | NO | NO LO SÉ

12 Me enfrento a retos cognitivos a diario gracias a mis actividades y a mis interacciones con los demás (en el trabajo y en el tiempo libre).

SÍ | NO | NO LO SÉ

13 Siento que tengo objetivos vitales, disfruto aprendiendo y me esfuerzo por probar cosas nuevas.

SÍ | NO | NO LO SÉ

14 Llevo una dieta baja en comida procesada, azúcares y sal, y como cereales integrales, pescado, frutos secos, aceite de oliva y frutas y verduras frescas.

SÍ | NO | NO LO SÉ

15 Afronto bien el estrés y me esfuerzo por gestionarlo; no siento que viva con un estrés crónico permanente que socave mi calidad de vida.

SÍ | NO | NO LO SÉ

Puntuación: Date un punto por cada *No* y medio punto por cada *No lo sé*. Los *Sí* no dan ningún punto. Calcula tu puntuación. Es como una partida de golf: te interesa conseguir la puntuación más baja posible.

0-5 = Bravo. Formas parte de esa minoría de gente que juega con ventaja y sigues un estilo de estilo de vida que te ayuda a prevenir el deterioro cognitivo. Seguramente, querrás seguir perfeccionando tus hábitos y mejorando. ¡Sigue así!

6-10 = Probablemente pases unos días con un estilo de vida que favorece tu salud cerebral, y otros que no. Pero vas por el buen camino. Sigue trabajando en tus puntos débiles y baja el número en tu puntuación.

11-15 = Es hora de recapacitar y reajustar tu estilo de vida para sentar unos nuevos cimientos sobre los que construir un mejor cerebro. Puedes hacerlo. No te olvides de que solo puedes salir ganando. Señala las respuestas que te hayan sorprendido más. Mantén esos factores de riesgo en primer plano durante el programa.

Mis tres puntos débiles (por ejemplo: dormir mal, no hacer suficiente ejercicio, tomar demasiado azúcar):

1 ______________________________

2 ______________________________

3 ______________________________

OBJETIVOS

Sospecho que ahora mismo varios objetivos revolotean por tu cabeza. Pongamos algunos por escrito. Elige tres objetivos para articularlos en tres categorías: estado físico, estado mental/emocional y vida en general. Con «vida en general» me refiero a objetivos vitales que quizá tengan que ver con tu trabajo, tus relaciones o tus metas y sueños personales. Sé lo más específico y detallado que puedas.

Estado físico:

____

____

____

Estado mental/emocional:

____

____

____

Vida en general:

____

____

____

¿Quién puede apoyarte en este viaje? ¿Quién puede ayudarte a hacerte responsable? Nombra aquí a esa persona y comunícale tus intenciones respecto a este programa:

____

____

¡PREPARADOS, LISTOS, YA!

Tómate este libro como si fuera una clase magistral sobre cómo programar mejor el cerebro para alcanzar cualquier objetivo que te propongas; por ejemplo, ser mejor padre, hijo, amigo o socio. Podrás ser más creativo, sentirte más realizado y estar más disponible para todas las personas a las que quieres. Además, también desarrollarás tu resiliencia para que los obstáculos del día a día no te hagan descarrilar. Todos estos objetivos están mucho más relacionados entre sí de lo que crees.

Pensar que mañana siempre puede ser mejor es una forma inteligente de ver el mundo, y es la que ha marcado mi propia vida. Desde que era adolescente, he trabajado duro en mi salud física, para que mi cuerpo fuera más fuerte, más rápido y robusto frente a las enfermedades y las lesiones. Creo que cada uno tiene motivaciones distintas para cuidar su propia salud. Para muchos, la motivación es sentirse mejor, conseguir más y estar ahí para sus hijos u otros familiares. Para otros, puede ser lograr una apariencia física determinada o participar en una carrera o un evento deportivo.

No obstante, sea cual sea tu propósito, no me cansaré de repetir lo siguiente: cuando tu cerebro funcione con claridad y fluidez, pondrás en marcha una reacción en cadena que lo único que te proporcionará son resultados positivos. Incluso hay estudios que demuestran que aumentar la tolerancia al dolor disminuye la necesidad de medicamentos y fortalece la capacidad de curación. Casi todos los médicos con los que he hablado sobre esta cuestión me han explicado algo similar: para cuidar mejor tu cuerpo, primero tienes que cuidar tu mente. Y tienen razón. Además, lo mejor de todo es que no es tan complicado como parece. Basta con hacer unos pequeños retoques y ajustes periódicos, en lugar cambios integrales. No quiero que sigas adelante con los ejercicios para escapar de algún miedo. El pánico a la demencia no debe ser tu principal motivación. Más bien al contrario, quiero que persigas alguna meta con entusiasmo; por ejemplo, aprender a mantener tu cerebro en forma para aguantar las fatigas de la edad y disfrutar de tu tiempo en este planeta.

LOS DOCE DEL PATÍBULO: MITOS QUE HAY QUE ERRADICAR

Mito #1: El cerebro sigue siendo un misterio.

Falso. Hoy en día sabemos muchas más cosas sobre el cerebro y sobre cómo mantenerlo en forma durante más tiempo.

Mito #2: La gente mayor está condenada a tener olvidos.

Falso. Es cierto que algunas capacidades cognitivas se deterioran con la edad, pero la memoria flaquea porque no le prestamos suficiente atención.

Mito #3: La demencia es una consecuencia inevitable de la vejez.

Falso. Los cambios en el cerebro relacionados con la edad no son los mismos que los causados por las enfermedades. Y los primeros pueden ralentizarse para reducir el riesgo de sufrir los segundos.

Mito #4: Los ancianos no pueden aprender cosas nuevas. ¡Falso! El aprendizaje no tiene fecha de caducidad, especialmente si participas en actividades cognitivamente estimulantes, como conocer a personas nuevas o tener nuevas aficiones.

Mito #5: Hay que dominar un idioma antes de aprender otro.

Falso. Las distintas áreas del cerebro no luchan entre sí. Los niños aprenden un nuevo idioma con mayor facilidad que los adultos principalmente porque están menos cohibidos. Pero cualquier persona puede aprender un nuevo idioma a cualquier edad.

Mito #6: Una persona que haya entrenado su memoria nunca olvida.

Falso. La frase «úsalo o piérdelo» se aplica al entrenamiento de la memoria del mismo modo que a mantener la fuerza de un músculo o nuestra salud física en general. En otras palabras, tenemos que seguir entrenando nuestro cerebro de forma que se fortalezcan sus redes, igual que tenemos que trabajar nuestros músculos para mantenerlos en forma.

Mito #7: Solo usamos el 10 % de nuestro cerebro.

Falso. Los experimentos que usan escáneres cerebrales demuestran que, incluso en las tareas sencillas, se ve involucrada gran parte del cerebro y que una lesión en una de las pequeñas secciones del cerebro llamadas «áreas elocuentes» puede tener consecuencias profundas en cuanto a lenguaje, movimiento, emociones o percepción sensorial.

Mito #8: Los cerebros masculinos y femeninos difieren en aspectos que determinan la capacidad de aprendizaje y la inteligencia.

Falso. Sí existen diferencias entre los cerebros masculinos y los femeninos que dan como resultado variaciones en la función cerebral, pero no hasta el punto de que unos estén mejor «equipados» que otros. Ninguna investigación ha demostrado distinciones específicas de género en la forma en que se conectan las redes neuronales cuando aprendemos nuevas habilidades.

Mito #9: Un crucigrama al día te mantiene lejos del neurólogo.

No necesariamente. Los crucigramas solo ejercitan una parte de tu cerebro, de modo que no mantendrán tu cerebro en forma sin ejercicios adicionales.

Mito #10: Nos domina la parte «derecha» o «izquierda» del cerebro.

Falso. La tecnología de los escáneres cerebrales ha demostrado que, la mayoría de las veces, ambos hemisferios del cerebro trabajan juntos de forma intrincada.

Mito #11: Solo tenemos cinco sentidos.

Falso. Tenemos sentidos adicionales que nos dan más información sobre el mundo que nos rodea; entre otros, el sentido del equilibrio, el dolor, la temperatura y el paso del tiempo.

Mito #12: Nacemos con un número limitado de células cerebrales. Tu cerebro no puede mejorar y los daños cerebrales siempre son permanentes.

Falso. El cerebro mantiene su plasticidad durante toda la vida, y puede reprogramarse como respuesta a nuestras experiencias, incluidos los traumatismos. También puede generar nuevas células cerebrales bajo las circunstancias adecuadas.

ALGUNOS DATOS CURIOSOS

- El cerebro «usurpa» el 20 % de la sangre y el oxígeno que se produce en nuestro cuerpo, a pesar de que solo representa el 2,5 % de nuestro cuerpo.

- A diferencia de los demás órganos, no puede existir la vida sin el cerebro y, hoy en día, el cerebro no se puede trasplantar. Tenemos que trabajar con el cerebro con el que hemos nacido durante toda la vida. Nos pueden reemplazar la cadera, poner un baipás en el corazón o extirpar un tumor; sin embargo, nunca tendremos otro cerebro.
- El 73 % de nuestro cerebro es agua –igual que nuestro corazón– y por eso tan solo un 2 % de deshidratación puede afectar a nuestra atención, nuestra memoria y otras habilidades cognitivas.
- Nuestro cerebro pesa casi un kilo y medio. El 60 % del peso en seco es grasa, con lo que es el órgano más graso del cuerpo.
- No todas las células cerebrales son iguales. Hay muchos tipos diferentes de neuronas en el cerebro, y cada una desempeña una función importante.
- El cerebro es el último órgano en madurar. Como cualquier padre puede certificar, los cerebros de los niños y los adolescentes aún no están completamente formados, y por eso suelen tener comportamientos polémicos y les puede resultar más difícil regular sus emociones. El cerebro humano no alcanza su plena madurez hasta, aproximadamente, los veinticinco años.
- La información que sale y llega al cerebro viaja más rápido que los coches de carreras, pudiendo alcanzar más de cuatro cientos kilómetros por hora.

- Sorprendentemente, nuestro cerebro empieza a ralentizarse a la temprana edad de veinticuatro años, justo antes de su plena madurez, pero alcanza el punto máximo de distintas capacidades cognitivas a distintas edades. Independientemente de la edad que tengas, es muy probable que sigas mejorando en algunas cosas. Un caso extremo es el de las habilidades de vocabulario, ¡que pueden alcanzar su máximo potencial a principios de los setenta!

SEGUNDA PARTE

GUÍA DEL PROGRAMA PARA MANTENER TU CEREBRO EN FORMA SEMANA A SEMANA

Bienvenido a la segunda parte de este libro. Ahora pasamos a la acción. A lo largo de las próximas doce semanas, te guiaré mediante actividades y experiencias orientadas para agudizar la funcionalidad de tu cerebro. Están planteadas en un orden específico para que se complementen entre ellas. El cerebro es tan excepcionalmente plástico que puede renovar sus conexiones y remodelarse a sí mismo en apenas doce semanas. Es como fortalecer cualquier otro músculo.

Ya sabemos que el cerebro no es técnicamente un músculo, pero la analogía es válida. Así como los músculos de nuestro cuerpo se atrofian y pierden masa cuando no se ejercitan, tenemos que hacer «flexiones cerebrales» con regularidad para mantener fuerte nuestro cerebro, y para que cree nuevas neuronas y genere nuevas conexiones. Del mismo modo que nos exigimos hacer actividades físicas saludables con nuestros músculos para que mantengan la masa y el tono muscular, debemos tener unas exigencias saludables con nuestro cerebro para obligarle a pensar más, a resolver mejor los problemas y a ser creativo —y tejer nuevas redes— cuando sea necesario. Como he comentado en el Mito #6, la máxima «úsalo o piérdelo» se aplica tanto a los músculos del cuerpo como a ese metafórico músculo que representa nuestra caja negra interna. La buena noticia es que el cerebro, como órgano, responde extraordinariamente bien a las estrategias prácticas que favorecen su bienestar.

Es posible que te agobie o aterrorice la idea de seguir este programa si eso implica tener que dejar algunos de tus alimentos favoritos, empezar una rutina de ejercicios —después de haber estado en plan sedentario durante mucho tiempo—, intentar encontrar nuevas formas de relajación y salir de casa más a menudo para socializar o conectar con la madre naturaleza. Soy consciente de que, para algunas personas, abandonar la adicción al azúcar y tener que sudar más a menudo puede ser duro. Cualquier cambio implica un reto, y abandonar el sedentarismo crónico requiere un esfuerzo coordinado. Seguramente, te estarás preguntando si eso es realmente factible a la hora de la verdad. Bueno, insisto en que puedes hacerlo. Te pronostico que al cabo de las dos primeras semanas tendrás menos pensamientos angustiosos, mejorará tu sueño y tendrás más energía. Te sentirás más despejado, menos malhumorado y más resistente a los acontecimientos estresantes del día a día. Con el tiempo, probablemente, experimentarás una pérdida de peso y tus analíticas mostrarán grandes mejoras en muchas áreas de tu bioquímica, incluidos tu metabolismo y tu sistema inmune.

Es aconsejable que le comentes a tu médico que vas a empezar este programa; especialmente, si tienes algún problema de salud, como presión alta o diabetes. No cambies nunca tu medicación ni las recomendaciones que te haya indicado un médico sin consultárselo antes. Pero plantéate pedirle que te haga algunas pruebas de referencia (consulta la Semana 9). Como ya he señalado, la presión arterial y los niveles de colesterol, azúcar en la sangre e inflamación influyen en el riesgo de deterioro cognitivo. Muchas veces, con este programa y, si es necesario, con fármacos, es posible cambiar estos indicadores y llevarlos a un rango saludable. Además, «conocer tus cifras» (de nuevo, consulta la Semana 9) puede servir como uno de esos incentivos que he mencionado. Si tienes la presión alta, por ejemplo, sabes que tienes un objetivo que alcanzar. Las cifras o los valores especifican de forma más clara tu recorrido.

Este programa te ayudará a corregir estos importantes indicadores automáticamente y te animo a que vuelvas a comprobar tus valores después de haberlo completado. Estoy seguro de que encontrarás mejorías. En caso contrario, es conveniente que consultes a tu médico para averiguar si puedes tener algún problema especial que sea único por tu fisiología. Conozco a una persona cuyo microbioma oral era el responsable de la inflamación subyacente que afectaba a su cognición. Tan pronto como su médico lo derivó a un periodoncista para que solucionara su problema de higiene bucal —y le limpiara las colonias de bacterias de la boca para mantener un bioma bucal sano y calmar la inflamación—, su cognición mejoró y probablemente se redujo el riesgo de que sufriera enfermedades o un deterioro cerebral grave. Nunca subestimes el poder de las soluciones sencillas.

Afronta los días, las semanas y los cambios uno a uno. Por último, te recuerdo que no tienes que seguir este programa al pie de la letra. Lo único que te pido es que, durante las próximas doce semanas, te esfuerces al máximo para adoptar como mínimo un nuevo hábito por semana. Es posible que tardes algún tiempo en adquirir las nuevas costumbres, hasta que puedas realizarlas de forma natural.

Por eso, dedicaremos al menos doce semanas a consolidar estas importantes prácticas, así dispondrás del tiempo necesario para experimentar y adaptar las estrategias a tu propio estilo de vida. Aunque es inevitable planificar ciertas cosas —como marcar un horario para hacer ejercicio, buscar ideas para los menús y comprar los ingredientes o quedar con tus amigos durante el fin de semana— puedes incorporar estas recomendaciones a tu vida según te parezca.

No te pediré que compres nada en concreto para que el programa dé resultado. No obstante, me encantaría que invirtieras algo de dinero en ti. Para ello, puedes apuntarte a un taller de escritura creativa, a clases de yoga, de danza o de lo que te apetezca. Adapta el programa a tus necesidades y sé fiel a ti mismo. Si hago una propuesta que no te gusta, pásala por alto o sustitúyela por otra. Siempre dejaré bien claro cuál es el objetivo de mis recomendaciones, para que puedas adaptarlas más fácilmente. Quiero que este programa sea flexible, factible y personalizado. No dudes de tus capacidades para llevarlo a cabo con éxito, puesto que lo he diseñado para que sea muy práctico y fácil de seguir. Y, una vez que lo hayas completado, permítete volver a la Semana 1 si lo ves oportuno. Es un programa que puede repetirse una y otra vez.

EMPIEZA EN LA COCINA

Durante los últimos años, me he centrado en crear un estilo de alimentación que me resulte fácil de seguir incluso cuando estoy de viaje, pero que no requiera planificación ni compromiso. Intenta hacer lo mismo, aunque eso conlleve nuevas formas de llenar la cesta de la compra y encontrar los mejores alimentos que se adapten a tu presupuesto. Pasa un tiempo en la cocina para hacer un inventario de lo que tienes en la nevera y en la despensa, y replantéatelo.

Esta semana, marca la siguiente casilla:

❑ Reducir y sustituir

Reduce el consumo de bebidas azucaradas o con edulcorantes artificiales, de comida rápida, de comida procesada, de alimentos extremadamente salados y de dulces. Deja de comprar esos alimentos que un jardinero, un granjero —o tu bisabuela— no reconocerían.

Sustituye la «comida basura», como las patatas fritas o la salsa de queso procesada, por alternativas más saludables, como frutos secos crudos o tallos de verduras con hummus. Al hacerlo, reduces las grasas trans y las saturadas, y puedes seguir disfrutando de un gratificante tentempié. Este es un truco fácil y resulta ser increíblemente beneficioso para tu cerebro.

Podrás marcar fácilmente esta casilla simplemente siguiendo mi dieta S.H.A.R.P. según sigue —y esta semana evita comer fuera de casa—.

S: SUPRIME O REDUCE DRÁSTICAMENTE EL CONSUMO DE SAL Y AZÚCAR Y SIGUE EL ABC

A. LISTA DE ALIMENTOS PARA CONSUMIR CON REGULARIDAD

Verduras y hortalizas frescas (particularmente, las de hoja verde, como espinacas, acelga, col *kale*, rúcula, col, hojas de mostaza, lechuga romana, acelga suiza o grelos).

Bayas enteras.

Pescado y marisco.

Grasas saludables (por ejemplo, aceite de oliva virgen extra, aguacates, huevos enteros).

Frutos secos y semillas (sin sal).

B. LISTA DE ALIMENTOS PARA INCLUIR

Alubias y otras legumbres.

Fruta entera (además de las bayas).

Lácticos bajos en azúcar y en grasa (por ejemplo, yogur natural o requesón).

Carne de ave.

Cereales integrales.

C. LISTA DE ALIMENTOS PARA EVITAR O LIMITAR

Frituras.

Pastelería, alimentos azucarados.

Alimentos procesados.

Carne roja (por ejemplo, ternera, cordero, cerdo o búfalo).

Productos derivados de la carne roja (como el beicon).

Lácteos enteros con alto contenido en grasas saturadas, como el queso o la mantequilla.

Sal.

DERROTA AL ENEMIGO PÚBLICO NÚMERO UNO

El azúcar es el enemigo público número uno para un cerebro saludable. La cantidad de azúcar que consumimos está directamente relacionada con nuestra salud metabólica, que luego influye directamente en nuestra salud cerebral. En Estados Unidos, se estima que casi el 35 % de adultos y el 50 % de las personas mayores de sesenta años tienen lo que se conoce como «síndrome metabólico»: una combinación de problemas de salud que nadie querría tener, como obesidad, presión alta, resistencia a la insulina, diabetes de tipo 2 o un mal perfil lípido (demasiado colesterol malo, insuficiente colesterol bueno).

Desde 2005, muchos investigadores han hallado correlaciones entre la diabetes y el alzhéimer, especialmente si la diabetes no está controlada y la persona sufre hiperglucemia crónica. Como he comentado en la Primera Parte, algunos científicos usan el término «diabetes de tipo 3», para referirse a la enfermedad de Alzheimer, porque la enfermedad a menudo implica una resistencia a la insulina, la principal hormona metabólica del organismo. En la raíz de la diabetes de tipo 3 se encuentra el fenómeno de que las neuronas del cerebro se vuelven incapaces de responder a la insulina, lo que significa que ya no pueden absorber la glucosa y esto conduce a la inanición y a la muerte de las células. Algunos investigadores creen que la deficiencia o resistencia a la insulina es fundamental para el deterioro cognitivo en el alzhéimer y que tiene que ver con la formación de las tristemente célebre placas que atascan los sistemas cerebrales. Las personas con diabetes de tipo 2 (una enfermedad caracterizada por la incapacidad de mantener niveles saludables de azúcar en la sangre) tienen el doble de probabilidades de desarrollar alzhéimer, y aquellas con prediabetes o un síndrome metabólico tienen mayor riesgo de sufrir demencia incipiente o deterioro cognitivo leve (DLC), que a menudo antecede a la demencia. Pero no es necesario haber sido diagnosticado de diabetes de tipo 2 para andar por el sendero del alzhéimer. En otras palabras, los estudios muestran ahora que las personas con altos niveles de azúcar en la sangre, independientemente de un diagnóstico formal de diabetes, tienen una mayor tasa de deterioro cognitivo que aquellas con niveles normales de azúcar en la sangre. Los estudios lo dejan claro: si consigues tener bajo control el nivel de azúcar en la sangre y evitar la disfunción metabólica, tu cerebro —y tu cintura— te lo agradecerán.[1] Y la primera cosa que puedes hacer para favorecer una función metabólica saludable es reducir drásticamente el azúcar. Al hacerlo, es muy probable que también reduzcas drásticamente la sal.

10 RUTINAS PARA REDUCIR DRÁSTICAMENTE EL AZÚCAR

1. Deja de tomar bebidas azucaradas o con edulcorantes artificiales, como la gaseosa, los refrescos, los tés azucarados, las bebidas energéticas o para deportistas, los zumos, los batidos o los preparados con café.

2. Lee y compara las etiquetas de los alimentos y elige los que tengan una menor cantidad de azúcar añadido. Los azúcares añadidos deberían estar etiquetados de forma clara. Ten cuidado con los nombres en clave del «azúcar». Existen más de sesenta formas de denominarlo; entre otros, jarabe de arroz integral, jarabe de maíz, fructosa, concentrado de zumo de frutas, dextrina, zumo de caña evaporado, maltol etílico, malta de cebada o caramelo. Busca palabras que acaben en «-osa», jarabes, «zumos» y «concentrados». Consulta también la página Sugar-Science de la Universidad de California en San Francisco: https://sugarscience.ucsf.edu/.
3. Usa fruta fresca para poner en la avena, en el yogur natural, en las tortitas, etc., en lugar de azúcares y jarabes líquidos.
4. Cocina más en casa y come con menor frecuencia en restaurantes. Así controlarás mejor los ingredientes. Cuando vayas a comer fuera, busca lugares de los que conozcas bien sus estilos de cocina y sus ingredientes. ¡No dudes en preguntar!
5. Cuando hagas bollería, sustituye el azúcar por puré de manzana sin azúcar.
6. No tengas dulces ni bollería procesada en casa, como madalenas, pastas, barritas, galletas, pasteles, brownies, pastelitos rellenos, dónuts, tartas, postres lácteos congelados o caramelos. La

mayoría de las barritas de proteínas están repletas de azúcar.

7. Evita las frutas en almíbar. Reduce el consumo de salsas, condimentos, aliños, untables, mermeladas, gelatinas o conservas que lleven azúcar.
8. Experimenta con los nuevos edulcorantes naturales que tienen cero calorías, como la estevia, la alulosa y la fruta del monje.
9. Prioriza el sueño. Un sueño adecuado y de calidad te ayudará a equilibrar las hormonas, a mantener tu metabolismo en forma y a reducir drásticamente los antojos de azúcar.
10. Vigila tu estrés. Más estrés significa mayor deseo de ingerir alimentos y bebidas cargados de azúcar.

H: HIDRÁTATE DE FORMA INTELIGENTE

Uno de mis mantras es «beber en lugar de comer». Muchas veces confundimos el hambre con la sed. Incluso unos niveles moderados de deshidratación pueden minar nuestra energía y alterar el ritmo de nuestro cerebro. Nuestros cerebros no distinguen demasiado bien el hambre de la sed; de modo que, si tenemos comida cerca, generalmente tendemos a comer. Por consiguiente, solemos estar sobrealimentados y crónicamente deshidratados. O saciamos nuestra sed con las bebidas equivocadas. Las bebidas son la principal fuente de azúcares añadidos: el 47 % de todos los azúcares añadidos. Vamos a ver si esta semana consigues evitar las bebidas que dañan el cerebro y beber las que lo favorecen.

Aquí tienes algunas sugerencias:

- Bebidas que debes descartar o limitar de forma estricta (deberían resultarte familiares): refrescos *light*, tés azucarados, bebidas energéticas, preparados con café, batidos de leche, batidos de frutas y zumos (incluidos zumos exprimidos y bebidas vegetales en polvo).

- Bebidas que puedes disfrutar con moderación: café y té, pero evita las bebidas con cafeína a partir de las dos de la tarde, para no interrumpir el sueño.

- Bebidas que puedes tomar sin límite: agua fresca filtrada. Intenta beber una cantidad de agua equivalente a dividir tu peso por 35 (es decir, si pesas 70 kg, bebe unos dos litros de agua).

- Si no bebes alcohol, no empieces ahora. Estudios recientes han demostrado que el alcohol, incluso con un consumo entre leve y moderado, reduce el volumen total del cerebro.[2] Si bebes alcohol, bebe con moderación. Para los hombres, los médicos recomiendan no beber más de dos consumiciones al día. Una consumición son 340 g de cerveza, 140 g de vino o 43 g (un vaso de chupito) de licor. Para las mujeres, no se recomienda más de una consumición.

A: AGREGA OMEGA-3 DE FUENTES NATURALES

El impacto sobre el cerebro de los ácidos grasos omega-3 procedentes de los alimentos ha sido ampliamente estudiado, y hay infinidad de información que relaciona los ácidos grasos omega-3 con un cerebro sano. La mejor forma de consumir más omega-3 natural es incorporar a tu dieta alimentos de la siguiente lista —¡no existen evidencias de que los suplementos funcionen igual!—. Esta semana, añade algunos de estos alimentos a tu lista de la compra:

- Frutos secos crudos, sin sal: almendras, avellanas, nueces, anacardos.
- Semillas: sésamo, lino, cáñamo, calabaza, chía, girasol.
- Aceitunas enteras.
- Aguacates.
- Aceite de oliva virgen extra. Los aceites de colza, cacahuete y aguacate tienen un alto contenido de omega-3, pero yo prefiero el aceite de oliva para cocinar y aliñar los platos porque es rico en antioxidantes, en grasas saludables monoinsaturadas y en componentes como los polifenoles, que son excelentes para el cerebro. Muchas marcas de aceite de oliva virgen extra producen una variedad «reserva» que es más rica y tiene sabores más robustos e intensos, gracias a un proceso más selectivo a la hora de elegir las aceitunas.

- Pescado graso: salmón, trucha, arenque, sardinas, anchoas, atún blanco, caballa, ostras, trucha alpina, bacalao negro.

Cuando compres pescado, averigua de dónde viene. Evita el pescado de aguas contaminadas o de lugares donde el contenido de mercurio en el pescado pueda ser demasiado elevado. El mercurio es un metal pesado que puede dañar el cerebro y no se elimina fácilmente del organismo. La página web del Monterrey Bay Aquarium's Seafood Watch (www.seafoodwatch.org) puede ayudarte a elegir un pescado más limpio —salvaje o de piscifactoría— y que se ha pescado con menor impacto medioambiental.

R: REDUCE LAS RACIONES

Si tú mismo preparas las comidas en casa, utilizas platos más pequeños o evitas repetir una segunda o tercera vez, podrás calibrar directamente las raciones que te sirves. Sabrás qué pones en las comidas y controlarás mejor los ingredientes y el tamaño de las porciones. Cuando sea posible, evita las frituras y opta por hervir, cocer, cocinar al vapor u hornear. Esta es otra razón para cocinar en casa: tú eres quien decide qué método usar y cómo controlar los aceites, salsas e ingredientes desconocidos incluidos en la comida de los restaurantes. Si estás en un restaurante, pide un envase para llevar cuando te tomen nota. Cuando te hayan servido la comida, calcula a ojo la ración adecuada y guarda el resto en el envase.

En *El cerebro en forma* no abordé con profundidad el tema del ayuno, pero quiero compartir los resultados de los nuevos estudios que se han publicado. Parece ser que el mero hecho de restringir las calorías que ingerimos —y esto lo definiré en un momento— provoca un estado metabólico alterado que, según un artículo de revisión realizado en 2019, «optimiza la bioenergética, la plasticidad y la resiliencia de las neuronas, de forma que puede contrarrestar una amplia gama de trastornos neurológicos».[3] Los autores incluso se atreven a afirmar que «el ayuno mejora la cognición, frena el deterioro cognitivo relacionado con la edad, suele ralentizar la neurodegeneración, reduce el daño cerebral y mejora la recuperación funcional tras un ictus». Es posible que los beneficios se deriven del simple hecho de ingerir menos calorías, aunque otra publicación sugiere que la limitación de calorías genera un aumento de células madre beneficiosas que reponen las células que no han podido sobrevivir al ayuno. No creo que los datos sean lo suficientemente sólidos como para recomendar un tipo de ayuno más que otro, pero en general hay cuatro tipos de ayuno («ayuno intermitente») a tener en cuenta:

1. Restricción de la comida por horas (la división 16/8 o 14/10). Con esta opción, estableces unas franjas horarias para comer y para ayunar. Por ejemplo, bajo el protocolo 16/8, comes solo durante una franja de ocho horas y ayunas las dieciséis restantes.

2. El método de dos veces por semana (método 5:2). Si sigues esta fórmula, comes de forma regular cinco días a la semana y luego en los otros dos reduces la ingesta de calorías a un cuarto de tus necesidades

diarias. Para la mayoría de las mujeres, esto significa reducir la carga calórica a quinientas calorías diarias. Para los hombres, son unas seiscientas. No ayunes en días consecutivos. Come de forma regular entre días de ayuno. Por ejemplo, tus días de ayuno pueden ser los lunes y los jueves.

3. Ayuno en días alternos. Usar este método implica limitar tus calorías en días alternos —aquí también restringen las calorías a quinientas para las mujeres y a seiscientas para los hombres— y comer de forma regular los otros días.

4. Ayuno de veinticuatro horas (o método «come-ayuna-come»). No obstante, antes de probar con un ayuno completo de veinticuatro horas, es ideal experimentar con las opciones anteriores y asegurarse de tener en cuenta cualquier condición metabólica que tengas. Si eres diabético, por ejemplo, es imprescindible orientación profesional para realizar cualquier régimen de ayuno.

Antes de probar un protocolo de ayuno intermitente, siempre deberías consultarlo con tu médico. No ayunes si tienes antecedentes de problemas de azúcar en la sangre, afecciones cardiovasculares o trastornos alimentarios. Sigue habiendo mucho debate sobre el ayuno intermitente, con datos contradictorios y resultados distintos, según cada persona. El ayuno intermitente puede afectarte de forma imprevista; así que, si quieres probarlo, hazlo con calma y en un diario detalla la experiencia para documentar cómo te sientes, cómo cambian tus señales de hambre y si estás consiguiendo lo que quieres —por ejemplo, perder peso—. No le funciona a todo el mundo igual. Insisto, antes consúltalo con tu médico.

Para emprender la ruta del principiante, simplemente empieza por dejar de comer y de tomar bebidas calóricas antes de las 19:00 h (beber agua está bien) y sáltate el desayuno temprano, retrasando la comida de la mañana hasta las 11:00 h. De este modo, aprovechando la abstinencia natural durante la noche, prácticamente no requiere esfuerzo alcanzar el estado de ayuno. Cada hora después de la meta de las doce horas de ayuno te hace avanzar hacia una mejor salud metabólica. Yo intento comer solo cuando brilla el sol, que es otra pauta que puedes seguir para mantener una rutina de ayuno nocturno natural.

El descanso y el ayuno son la mejor medicina.

Benjamin Franklin

P: PLANIFICA TUS COMIDAS

Que no te pille el hambre sin haber planeado la comida o un tentempié. Esta semana, planifica tus comidas en la siguiente agenda. Encontrarás ideas de comidas a partir de la página 95. De ahí puedes elegir las que te apetezcan o puedes innovar a partir de las pautas anteriores.

Día 1

Desayuno: ______

Comida: ______

Tentempié: ______

Cena: ______

Postre: ______

Día 2

Desayuno: ______

Comida: ______

Tentempié: ______

Cena: ______

Postre: ______

Día 3

Desayuno: ______

Comida: ______

Tentempié: ______________________________

Cena: ______________________________

Postre: ______________________________

Día 4

Desayuno: ______________________________

Comida: ______________________________

Tentempié: ______________________________

Cena: ______________________________

Postre: ______________________________

Día 5

Desayuno: ______________________________

Comida: ______________________________

Tentempié: ______________________________

Cena: ______________________________

Postre: ______________________________

Día 6

Desayuno: ______________________________

Comida: ______________________________

Tentempié: ______________________________

Cena: ______________________________

Postre: ______________________________

Día 7

Desayuno: ______________________________

Comida: ______________________________

Tentempié: ______________________________

Cena: ______________________________

Postre: ______________________________

IDEAS PARA EL DESAYUNO

- Huevos (duros, pasados por agua, revueltos) con una guarnición de verduras coloridas (asadas o salteadas con aceite de oliva) y una tostada integral con crema de frutos secos o rodajas de aguacate.
- Yogur natural estilo griego (con fermentos activos) o avena irlandesa (de grano cortado) con un aderezo de bayas frescas, frutos secos triturados o linaza y unas gotas de miel.
- Tostada con aguacate y lonchas de salmón ahumado o huevo.

Consejo: Evita las pastas, los dónuts, los *bagels* y los cereales.

IDEAS PARA LA COMIDA

- Ensalada de hojas verdes adornada con ingredientes de muchos colores —brócoli, pimiento, pepino, semillas de granada, fresas cortadas, arándanos, cebolla roja cortada, tomates cherri y apio...— y una ración de proteína saludable —como pollo, pavo, salmón, atún o tofu— aliñada con semillas, frutos secos, unas gotas de vinagreta hecha con aceite de oliva virgen extra y vinagre balsámico.
- Bocadillo de pavo asado, atún o pollo con pan integral o de masa madre con acompañamiento de hojas verdes —sin patatas fritas— y una pieza entera de fruta.

- Un *wrap* vegano de hummus con verduras y ensalada verde con tortitas o pan sin levadura, acompañado de una ensalada de frutas; por ejemplo, un bol pequeño de bayas enteras, melón cortado y rodajas de manzana.

Consejo: Evita las hamburguesas, las patatas fritas, la comida rápida y los buffets libres.

IDEAS PARA PICAR

- Fruta entera; por ejemplo, plátano, manzana, pera, uvas, ciruela o melocotón.
- Un puñado de frutos secos crudos variados.
- Tallos de hortalizas crudas mojadas en guacamole, hummus, olivada, requesón o una crema de frutos secos.

Consejo: Evita las barritas energéticas, las patatas fritas, las galletas saladas y los dulces.

IDEAS PARA LA CENAR

- Pescado, pavo o pollo al horno acompañado con verduras asadas y arroz salvaje o integral.
- Mezcla de verduras —por ejemplo, judías verdes, pimientos, brócoli, espárragos, coles de Bruselas y champiñones— revueltas con aceite de oliva virgen extra, con pollo a la plancha, pescado salvaje de agua fría o bistec de ternera ecológica (entre 85 g

y 140 g) con acompañamiento opcional de arroz, quinoa o cuscús.

- Chili vegano o de pavo con ensalada.
- Un plato de pasta vegana o con carne acompañado con ensalada.

Consejo: Evita la comida para llevar y los platos preparados.

RECETA DE ENSALADA SENCILLA PARA ACOMPAÑAR

Brotes de rúcula orgánica u otros tipos de ensalada verde + piñones tostados + una cucharada de queso de cabra + trozos de aguacate + mucho zumo de limón + parmesano rallado + rociado con aceite de oliva virgen extra.

IDEAS PARA EL POSTRE

- Unos trozos de chocolate negro.
- Bayas frescas o trozos de fruta espolvoreados con canela.
- Una bola, ¡no medio litro!, de helado o sorbete (también se pueden encontrar variedades sin leche).

Consejo: Evita comer durante las dos o tres horas antes de irte a dormir.

CONSEJOS ADICIONALES

- Utiliza vinagre, limón, hierbas aromáticas y especias para potenciar el sabor de las comidas sin aumentar el contenido de sal.
- Consume una variedad de frutas y verduras que tengan diferentes colores. Por ejemplo, los nutrientes y antioxidantes que dan a los pimientos verdes y a las fresas sus colores son distintos de los que les dan a los pimientos rojos o a los arándanos su tonalidad.
- Visita los mercados de tu zona y compra alimentos frescos.
- Puedes usar tranquilamente fruta y verdura congelada para preparar tus comidas, especialmente si esto te ayuda a evitar platos preparados procesados.
- Favorece tu salud intestinal (consulta el siguiente decálogo).

10 RUTINAS PARA FAVORECER TU SALUD INTESTINAL

1. Sigue el protocolo S.H.A.R.P. y empieza reduciendo drásticamente el azúcar y la sal (consulta las diez sugerencias de las páginas 83-85).
2. Come más fibra en forma de frutas frescas y verduras entera (intenta llegar a 25-30 g diarios).

Entre los productos estrella encontramos: puerros, cebollas, espárragos, espinacas, alcachofas, brócoli y otras verduras de hoja verde.

3. Alimenta a tus bacterias intestinales con fuentes de prebióticos: cereales integrales, manzanas, hojas de diente de león, plátanos, espárragos, frutos secos, semillas, alubias, lentejas, garbanzos, puerros y hortalizas de raíz como el topinambur, la raíz de achicoria, el ajo y las cebollas. Los prebióticos son un tipo de fibra no digerible que sirve de alimento para las bacterias, la levadura y otros organismos de nuestro cuerpo, ayudando así a tener bacterias buenas en los intestinos.
4. Consume más alimentos fermentados (por ejemplo: yogur natural, *kimchi*, pepinillos, *kombucha*, kéfir). Estos alimentos siempre me estimulan, física y cognitivamente. Y no son cosas mías: diversos estudios demuestran que los alimentos fermentados favorecen en última instancia un microbioma saludable, que a su vez tiene un efecto positivo sobre el cerebro.
5. Reduce la ingesta de carne roja y, cuando la comas, compra la de mejor calidad y la más magra (orgánica y ecológica).
6. Ponte en movimiento: la actividad física mantiene la digestión en marcha y favorece una composición óptima del microbioma.
7. Duerme profundamente: un buen sueño nocturno también fomenta un perfil del microbioma ideal.

8. Usa antibióticos solo cuando sea necesario –no para un simple resfriado–. No son beneficiosos para las infecciones víricas y matan a los virus buenos y a los malos simultáneamente. Tomar demasiados antibióticos puede destruir un microbioma sano y facilitar la proliferación en los intestinos de determinadas cepas de bacterias que no interesa tener en grandes cantidades.
9. Mantente hidratado con agua filtrada y pura.
10. Gestiona tus niveles de estrés, ¡y dedícate más tiempo a ti mismo!

PERSONALIZA TU DIETA

Hace unos años visité Kerala, en la India, para aprender sobre la dieta ayurvédica. Existe desde hace miles de años y es una dieta supuestamente personalizada para equilibrar las distintas energías de nuestro cuerpo. Con esta forma de comer, a las personas se las clasifica en función de su *dosha*, o tipo de cuerpo y de personalidad.

> ***El cuerpo es el resultado de la alimentación. Del mismo modo, la enfermedad es el resultado de la alimentación. La distinción entre bienestar y enfermedad se debe a la alimentación sana o a la falta de ella, respectivamente.***
>
> —Charaka, uno de los principales contribuyentes al arte y la ciencia ancestrales del ayurveda. Nacido en el siglo I a. C., se le considera uno de los padres fundadores de la medicina.

DOSHAS O TIPOS DE CUERPO

Pitta dosha: fuego y agua. Generalmente, son personas con complexión física media e irascibles. Se les aconseja que coman alimentos refrescantes y energizantes y que minimicen el consumo de semillas, frutos secos y especias.

Vata dosha: aire y espacio. Personas energéticas, de complexión ligera y con mayor probabilidad de padecer fatiga o ansiedad cuando se desequilibran. Su dieta requiere alimentos más cálidos y que conecten con la tierra, con pocas verduras crudas, frutas deshidratadas o especias amargas. A mí me dijeron que encajaba en este tipo de cuerpo.

Kapha dosha: tierra y agua. Las personas de este tipo suelen ser de naturaleza calmada, tienen los pies en la tierra y una complexión robusta, pero tienen mayor riesgo de depresión. Deben centrarse en las frutas, las verduras y las legumbres.

Se esté o no de acuerdo con este enfoque, lo que me sorprendió especialmente fue la motivación inicial de la dieta ayurvédica. Mientras que la mayoría de las culturas se centran en servir primero al paladar, la dieta ayurvédica determinó primero los aspectos funcionales de los alimentos naturales y luego los adaptó a cada tipo específico de cuerpo. Teniendo esto en cuenta, sí creo que hay ciertos alimentos que son ideales para tu propia productividad, así como hay ciertas cosas a evitar. Una forma de comprender qué es lo que realmente te funciona consiste en llevar con diligencia un diario alimenticio. A continuación, te muestro la plantilla de uno, pero busca el que a ti te vaya mejor, ya sea en papel o en tu móvil.

DIARIO ALIMENTICIO

Fecha ____________________

DESAYUNO

COMIDA

CENA

TENTEMPIÉS

HIDRATACIÓN

NOTAS (qué me ha gustado, qué no me ha gustado, estado de ánimo)

ESPERA, ¿NO HAY SUPLEMENTOS?

Comer bien significa comer alimentos reales, no es tomar suplementos.[4] Aunque a todos nos gusta la idea de tomar una pastilla que contenga todos los nutrientes esenciales concentrados, este planteamiento no es eficaz ni realmente posible. Ese frasco con la imagen de un brócoli en su etiqueta no lleva realmente brócoli en las pastillas que contiene. Algunos suplementos incluso pueden ser perjudiciales. Evidencias científicas demuestran que los micronutrientes, como las vitaminas y los minerales, aportan un mayor beneficio si forman parte de una dieta equilibrada, ya que los demás componentes de una comida saludable permiten que los micronutrientes se absorban bien y efectúen mejor su trabajo. Esto se conoce como el «efecto séquito» y es exactamente tal como suena.

También deberías saber que, por desgracia, la industria de los suplementos no está regulada. Tal como están las cosas actualmente, los fabricantes de suplementos no tienen que probar ni la eficacia ni la seguridad de sus productos. Aunque hay algunos productores de suplementos que lo hacen con calidad y con un historial fiable y ético, es mejor usar suplementos solo bajo recomendación médica. No puedes arreglar una mala dieta con suplementos, y deberías ser capaz de obtener todos los nutrientes que necesitas a partir de alimentos reales.

Cuando anotes lo que estás comiendo durante un par de semanas, fíjate bien en cómo te sientes treinta minutos después, un par de horas más tarde y por la noche cuando te vas a dormir. Presta mucha atención a la relación entre lo que comes y cómo te sienta esa comida a lo largo del día. En mi caso, descubrí que alimentos fermentados como los pepinillos o el *kimchi* me iban especialmente bien para estar más productivo y creativo. Quizá sea porque estoy alimentando mi microbioma y hay una importante relación entre los intestinos y el cerebro. Durante esta semana, sé lo más diligente posible con tu diario alimenticio e intenta seguir documentando tu ingesta nutricional —incluidos los dulces y las trampas que hagas— durante las doce semanas. Estoy seguro de que, después de estas doce semanas, tendrás una nueva percepción de qué te beneficia, a ti y a tu cuerpo. Por eso es importante que vayas tomando nota de tus experiencias.

NOTAS DE LA SEMANA 1

Qué me ha resultado útil: ______________________________

____

Qué me ha resultado difícil: ____________________________

____

En qué puedo mejorar: ________________________________

____

En tres palabras, cómo me siento: _____________________

____

Reto adicional: Deja de comer carne los lunes.

Si generalmente comes solo, invita a un amigo o a un vecino para que vaya a cocinar y comer contigo. Puede que esto te saque de tu zona de confort, pero ese es el objetivo. Reconócete un mérito extra si tu invitado es alguien nuevo, inesperado o culturalmente diferente a ti.

Comprueba si, en al menos una comida, puedes usar tu mano no dominante. Durante la pandemia, empecé a pintar con mi mano no dominante. El simple hecho de hacerlo durante unos minutos al día parece activar mi cerebro.

MUÉVETE MÁS

El movimiento es algo mágico. Es una medicina gratuita que está disponible siempre que la necesites. Y está más que demostrado que el ejercicio conlleva mejoras cognitivas. La actividad física aumenta la capacidad del corazón, de los pulmones y de la sangre para transportar el oxígeno, lo que ayuda a incrementar el número de vasos sanguíneos y la sinapsis, aumentando el volumen cerebral y disminuyendo la atrofia cerebral relacionada con la edad. Moverse también fomenta la creación de nuevas células nerviosas y estimula el crecimiento del número de proteínas que ayudan a esas neuronas a sobrevivir y prosperar. El resultado: efectos positivos en las áreas cerebrales relacionadas con el pensamiento y la resolución de problemas. También es cierto lo contrario: la inactividad es una enfermedad en sí misma. Si llevamos un estilo de vida sedentario, nuestros músculos empiezan a atrofiarse y algunos mecanismos de señalización del organismo se van ralentizando. Las defensas perimetrales del propio cuerpo —que ayudan a combatir las infecciones y las células mutadas— pierden eficiencia, y nos volemos vulnerables a las infecciones y al cáncer. Podríamos decir que permanecer sentado la mayor parte del tiempo transmite el mensaje de que ese cuerpo ya no merece ser habitado y se aproxima al final de su vida. El movimiento —especialmente, algo como caminar a paso ligero— envía una especie de recordatorio de que estamos vivos y queremos seguir estándolo.

¿CÓMO ME ENCUENTRO?

La última vez que subí mis pulsaciones y sudé moviéndome físicamente durante más de veinte minutos: ____

Actividades físicas que me gusta hacer: ____________

____

Número de flexiones que puedo hacer sin parar para descansar: ______

(Nota: El mínimo de repeticiones para una buena forma física son diez. No pasa nada si tienes que empezar haciéndolas de rodillas hasta que adquieras esa fuerza)

En los siguientes aspectos, en una escala del 1 al 10, ¿qué puntuación me pondría?

- Entrenamiento cardiovascular (1 = bajo, 10 = alto): ___
- Fuerza muscular (1 = baja, 10 = alta): _____

Estado de forma en general: _____

1	5	10
(bajo/ sedentario)	(medio/ mejorable)	(deportista profesional)

A menos que seas un «deportista profesional», para quien hacer algo de deporte al día es tan importante como ducharse de forma regular, esta semana tendrás que hacer dos caminatas diarias de veinte minutos por tu barrio, una por la mañana y otra por la tarde. Múltiples estudios han demostrado de forma taxativa que basta con caminar un mínimo de treinta minutos al día para obtener importantes beneficios físicos, cognitivos y emocionales. Si en la escala de anterior no superas el 5, has de añadir esta actividad a cualquier ejercicio que realices regularmente. Si mantienes alguna rutina de ejercicios y te sientes bien con tu nivel de forma física, comprueba si puedes probar algo diferente para sorprender a tu cuerpo y poner en funcionamiento otros músculos. Si, por ejemplo, tienes la costumbre de salir a correr, puedes ir a nadar a un gimnasio municipal o apuntarte a una clase de ciclismo o de vinyasa yoga. Si cuando eras más joven jugabas al tenis, retoma esta práctica con algún amigo o en un club local, o prueba con un deporte similar, como el pádel o el *pickleball*. Ve aumentando el tiempo de tus entrenamientos a un mínimo de treinta minutos diarios, al menos cinco días a la semana. El objetivo es incrementar tu frecuencia cardiaca al menos un cincuenta por ciento con respecto a tu valor de referencia en reposo.

Esta semana, también quiero que realices algún entrenamiento de fuerza dos o tres días, pero evita hacerlo en días consecutivos, para que tus músculos tengan tiempo de recuperarse. Mis padres, con ochenta años, hacen con regularidad movimientos para entrenar la resistencia. Cuando empezaron a seguir una pauta, enseguida vi cómo mejoraban sus posturas, su velocidad al caminar y sus niveles de energía. Puedes comprar pesas individuales (mancuernas) de uno, dos o tres kilos o bandas elásticas, o bien usar el peso de tu cuerpo como resistencia y seguir un curso o una clase en línea —en directo o pregrabada—. Hoy en día no tienes ninguna excusa, ya que la pandemia auspició toda una eclosión de programas en internet y para asistir no es necesario que te apuntes al gimnasio. Las clases de *fitness* a la carta y en directo ofrecidas por empresas como Alo Moves, Apple Fitness+, Daily Burn, Glo, Obé Fitness, Peloton y TheWKOUT han ganado popularidad, además, para muchas de ellas ni siquiera es necesario ir equipado. Con solo una botella de agua, una toalla y algo de espacio para moverte, puedes realizar una sesión de ejercicio completa.

¿A QUÉ VELOCIDAD ANDAS?

Sorpresa: la velocidad de tu marcha predice tu longevidad. Ahora es un hecho científico: las personas que caminan a buen ritmo a medida que envejecen tienen más probabilidades de vivir más que quienes andan más despacio. Y el mayor riesgo de muerte empieza en la mediana edad. Según investigaciones lideradas por la Duke University, la gente que tiene tendencia a caminar más despacio a la edad de cuarenta y cinco años muestra signos de envejecimiento acelerado prematuro, tanto físicos como cognitivos.[5] Más concretamente, aquellos que caminan a 2,9 kilómetros por hora (20,41 minutos por kilómetro) es probable que cumplan su esperanza de vida según su edad y su sexo, mientras que aquellos que caminan a 2,1 kilómetros por hora (28,34 minutos por kilómetro) tienen un mayor riesgo de muerte prematura. Conclusión: ¡sigue andando a buen ritmo a medida que vas envejeciendo! La velocidad de tu marcha es algo que puedes medir fácilmente y es un buen indicador de salud; o, en caso contrario, de deterioro. Intensifica tus paseos utilizando bastones o palos para trabajar más la parte superior del cuerpo y el tronco. De hecho, el uso de bastones en terreno llano o cuesta abajo puede ayudarte a aliviar parte de la presión en las extremidades inferiores y prevenir problemas articulares en rodillas y tobillos.

Para quienes hace tiempo que no salís a andar, ya es hora de que os pongáis en marcha. Empieza suavemente y ve subiendo el ritmo día a día. Si has sido totalmente sedentario, empieza con cinco o diez minutos de series de ejercicio (treinta segundos de esfuerzo máximo y noventa segundos de recuperación) y ve aumentando hasta veinte minutos al menos tres veces por semana. Esto también se conoce como entrenamiento a intervalos de alta intensidad (HIIT, por sus siglas en inglés) y se ha demostrado que proporciona múltiples beneficios para la salud que, por supuesto, incluyen el aumento de la potencia cerebral —y la elevación de los niveles de BDNF para estimular nuevas células cerebrales—.[6] Recuerda que la actividad intensa prolongada liberará cortisol, que puede ir en detrimento del BDNF, pero las series cortas con recuperación pueden ser muy efectivas. Puedes hacerlo de muchas maneras: caminar en el exterior variando tu velocidad y nivel de intensidad en las subidas, usar equipamiento clásico de gimnasio —como cintas de correr o máquinas de subir escaleras—, saltar a la cuerda o seguir clases de gimnasia en línea para realizar tus ejercicios en la comodidad de tu casa —la mayoría de estos programas requieren una cuota mensual o una suscripción, pero ofrecen sesiones de muestra gratuitas para que puedas encontrar la que más te guste—. Navegando por YouTube también encontrarás un montón de vídeos gratuitos para seguir.

Para eliminar las barreras que te impiden hacer ejercicio con regularidad, planifica cómo y cuándo vas a cumplir con tus rutinas. Saca tu agenda y programa las actividades físicas que vas a hacer. Si prefieres hacerlo a primera hora de la mañana, haz tu caminata matutina para ir relajándote después; si elijes las tardes para practicar un ejercicio más exigente, utiliza el paseo de la tarde para relajarte después. Mezcla tus rutinas. Por ejemplo, los lunes, miércoles y viernes puedes optar por una clase de cardio on line, entonces los martes y jueves prográmate una clase de yoga. Después, los sábados planea alguna excursión con tus amigos, y el domingo puede ser tu día de descanso. El objetivo es haber trabajado cada semana las cuatro categorías siguientes a través de las actividades que hayas elegido: 1) cardio, 2) fuerza, 3) flexibilidad y 4) coordinación y equilibrio. Utiliza la plantilla de la página siguiente.

REGISTRO DE MOVIMIENTO DIARIO			
Fecha y hora	**Actividades** (cardio, fuerza, flexibilidad, coordinación y equilibrio)	**Tiempo total**	**Notas** (sensaciones, qué me ha gustado, qué no me ha gustado, ideas para futuras actividades)

Como he comentado antes, yo intento hacer ejercicio todos los días, con el objetivo de hacer una hora de movimiento enérgico además de todo el movimiento natural posible a lo largo del día. Mis actividades favoritas son la natación, el ciclismo y correr, y además algunas veces por semana hago entrenamiento exclusivo de fuerza. Tengo tres hijas y un trabajo bastante exigente, aún así sigo encontrando la manera de incorporar este tipo de rutinas. Normalmente, las personas dedican todo el tiempo del que disponen a completar una tarea. Además, cuando están ocupadas y quieren aprovechar el tiempo para hacer otra cosa distinta, piensan que el «ejercicio» es una de las primeras cosas prescindibles. Para mí, simplemente no es así. En mi agenda, el ejercicio es una tarea sagrada. Donde quiera que vaya, siempre llevo mis zapatillas de correr, mi traje de baño, mis gafas de nadar y mis bandas elásticas. Y, siguiendo la recomendación de mi jefe de neurocirugía, el doctor Dan Barrow, hago cien flexiones cada día.

Para mí, la comodidad es algo fundamental. Para que hacer mis ejercicios sea accesible siempre tengo a mano algunas herramientas. Por ejemplo, tengo pesas en el dormitorio y una barra de flexiones en el marco de la puerta de casa y en la oficina. Por cierto, las flexiones con barra son una estupenda forma de fortalecer los músculos de la espalda y el tronco. Al principio cuesta hacerlas, pero casi de inmediato empiezas a notar los beneficios. La gente suele descuidar el entrenamiento de fuerza de la parte superior del cuerpo, sobre todo a medida que envejecemos, pero ese entrenamiento es bueno para la postura, la densidad ósea y el metabolismo, e incluso ayuda a los pulmones a protegerse de una neumonía —especialmente si estamos en el hospital o postrados en cama—. Lo ideal es que cada semana hayas realizado el movimiento suficiente como para abordar estas cuatro áreas:

- ❑ Cardio
- ❑ Fuerza
- ❑ Flexibilidad
- ❑ Coordinación y equilibrio

CONVIERTE EL MOVIMIENTO EN UNA ACTIVIDAD SOCIAL

No subestimes el poder de moverte y hacer ejercicio en grupo. Conviértelo en una actividad social. Un reciente estudio danés descubrió que los adultos que jugaban a deportes de equipo vivían más que las personas sedentarias.[7] Juegos como el tenis u otros deportes de raqueta suman sistemáticamente más años de vida que las actividades en solitario, como montar en bicicleta o correr.[8] Los deportes que requieren múltiples jugadores aportan doble beneficio, de modo que plantéate lo siguiente:

- Recluta a un amigo para hacer juntos una rutina de ejercicios un día de esta semana.
- Apúntate a un grupo para salir a caminar o a correr, o pídele a un compañero de trabajo que salga contigo a dar un paseo rápido a la hora de comer.

- Consulta en Active.com la lista de grupos y actividades en tu zona, para ti y tu familia. La página web también ofrece un directorio de programas virtuales en tu zona geográfica. Meetup.com también puede ser una fuente para encontrar paseos y excursiones en grupo cercanos.

¿NO TIENES TIEMPO?

Como he dicho desde el principio, yo creo en la actividad física, no en el ejercicio. Si un día no tienes absolutamente nada de tiempo para hacer ejercicio, entonces piensa en otras formas de añadir más minutos de actividad física al día. El objetivo es que andes, estés de pie y muevas tu cuerpo lo suficiente para contrarrestar el perjuicio que puede derivarse de que estés sentado todo el día. Aquí tienes algunas ideas:

- Cuando tengas poco tiempo, rompe con tu rutina y piensa en formas de combinar el movimiento con otras tareas; por ejemplo, mantener una reunión con un compañero de trabajo mientras salís a caminar o ponerte tu serie favorita mientras practicas una rutina de posturas de yoga en el suelo. Es una forma beneficiosa de multitarea, ya que el cerebro puede gestionar el movimiento físico mientras piensa en otras cosas. Nuevas investigaciones indican que se obtienen los mismos beneficios para la salud haciendo tres sesiones de ejercicio de diez minutos que haciendo una sola sesión de treinta minutos.

- Limita los minutos que pasas sentado. Cada vez que vayas a sentarte, pregúntate: «¿Puedo quedarme de pie y en movimiento en lugar de sentarme?». Camina mientras hablas por teléfono, sube por las escaleras en lugar de coger el ascensor y aparca a cierta distancia de la puerta principal de tu edificio.

- Basta con que te propongas levantarte cada hora para dar un paseo de cinco minutos o salir a correr cerca de donde estés y luego hacer algunos *burpees* (busca en internet si no sabes lo que es un *burpee*). Cuanto más te muevas a lo largo del día, más se beneficiarán tu cuerpo y tu cerebro.

¿CON CUÁNTO BASTA?

El ochenta por ciento de los estadounidenses no realiza suficiente ejercicio físico de forma regular.[9] Solo una cuarta parte (el 23%) de los adultos cumple los requisitos recomendados. Estos requisitos se definen como 150 minutos de actividad física aeróbica de intensidad moderada o 75 minutos de actividad física de intensidad vigorosa o una combinación equivalente cada semana, como mínimo. Para los mayores de sesenta y cinco años, las cifras son desoladoras: el número de personas que realizan al menos 150 minutos de actividad física a la semana no llega al 40%, y el 20% no hace ningún tipo de ejercicio con regularidad.

NOTAS DE LA SEMANA 2

Qué me ha resultado útil: ______________________________

____

Qué me ha resultado difícil: ____________________________

____

En qué puedo mejorar: _________________________________

____

En tres palabras, cómo me siento:_______________________

____

Reto adicional: Crea tu propia lista de reproducción para motivarte en la preparación y la ejecución del ejercicio. Cuando elaboro mis listas de reproducción para hacer ejercicio, tengo algunos objetivos concretos. Me interesa marcar un ritmo que me ayude a regular mis movimientos. La música tiene que ser estimulante e incluso debe distraerme, para así no pensar en lo mucho que estoy forzando mi cuerpo. Por último, la música tiene que ayudar a mi cerebro a procesar la fatiga y a motivarme.

Para estas listas, elijo canciones que tengan un ritmo de 120-140 compases por minuto y con letras fuertes y positivas. Aunque a veces selecciono canciones más conocidas, intento no escuchar esta lista fuera de mis entrenamientos, para que sigan tocándome la fibra sensible.

A continuación, te muestro un ejemplo de una lista de reproducción con canciones antiguas y nuevas que me ponen las pilas:

LA MÚSICA DE SANJAY PARA PONERSE EN MOVIMIENTO

«Eye of the tiger» (banda sonora de *Rocky*), Survivor

«Extreme Ways», Moby

«Cold Heart« Elton John y Dua Lipa

«Blinding Lights», The Weeknd

«Shape of You», Ed Sheeran

«Stronger», Kelly Clarkson

«Human», The Killers

«I Will Wait», Mumford & Sons

«Just Like Fire», Pink

«Don't Start Now», Dua Lipa

«Midnight» (Giorgio Moroder Remix), Coldplay

«Diablo Rojo», Rodrigo y Gabriela

«I Gotta Feeling», Black Eyed Peas

«Put a Little Love in Your Heart», Al Green and Annie Lennox

«Modern Love», David Bowie

«On Top of the World», Imagine Dragons

«Wake Me Up» Avicii

«Raging» (con Kodaline), Kygo

«Jump», The Pointer Sisters

«Feel It Still», Portugal. The Man

«Style», Taylor Swift

«Fireball» (featuring John Ryan), Pitbull

«Best Friend», Sofi Tukker

«Woke Up in Bangkok», Deepend & YouNotUs

«About Damn Time», Lizzo

«Let's Get Loud», Jennifer Lopez

«Locked Out of Heaven», Bruno Mars

«Viva La Vida», Coldplay

«Love on the Weekend», John Mayer

«Home», Phillip Phillips

«Sanctuary», Cure

«Outtasite», Wilco

«Young Forever», Jay-Z

«Just Breathe», Pearl Jam

«Shotgun», George Ezra

«California Sun», Ramones

«Crazy in Love», Beyoncé

PROMUEVE UN SUEÑO REPARADOR PARA TU CEREBRO

¿Cómo has dormido la última semana? ¿Y anoche? ¿Recuerdas haber soñado? ¿Has dormido de un tirón? ¿Te pones una alarma para levantarte? Repito: la mayoría de los adultos necesitan dormir entre siete y nueve horas por noche. ¿Estás cerca de esta franja?

El sueño es una medicina. Durante demasiado tiempo subestimé el valor de dormir bien, ahora me gustaría poder recuperar todas esas horas perdidas —que probablemente equivalen a años—. Actualmente, el sueño es una de mis prioridades, y ha llegado la hora de que también lo sea para ti, así que te propongo que sigas estas cinco reglas para pasar una buena noche:

REGLA #1 PARA DORMIR BIEN: SIGUE UN HORARIO

Acuéstate siempre a la misma hora. Evita el «jet lag social» que sucede cuando nos levantamos tarde después de habernos acostado tarde. Los patrones de sueño irregulares son perjudiciales para nuestra salud. Por la mañana, no ocultes la luz solar a tus ojos; te ayudará a ajustar tu reloj corporal. Todo lo relacionado con nuestra biología evolutiva y la neurociencia deja clara la importancia de las mañanas. En pocas palabras: estamos programados para levantarnos temprano y absorber los primeros rayos de sol. No te quedes despierto después de medianoche. Fíjate en cuándo empiezas a tener sueño y ajusta a ello tu horario. La mejor hora para acostarte es cuando, antes de medianoche, estás un poco somnoliento. El sueño NREM (sin movimientos oculares rápidos) suele dominar los ciclos de sueño durante la primera parte de la noche. A medida que la noche avanza hasta el amanecer, entramos en la fase REM, rica en sueños. Aunque ambos tipos de sueño son importantes y ofrecen beneficios distintos, el sueño NREM de ondas lentas es más profundo y reparador que el sueño REM. Ten en cuenta que es muy probable que tu hora ideal para acostarte cambie con la edad. A medida que nos hacemos mayores, nos acostamos antes y nos despertamos más temprano de forma natural, pero el número total de horas que dormimos no debería cambiar.

REGLA #2 PARA DORMIR BIEN: EVITA LAS SIESTAS LARGAS A ÚLTIMA HORA DEL DÍA

No hay evidencias claras sobre si hacer la siesta es beneficioso, o no, para la salud cerebral de los adultos. Algunas personas creen que las siestas cortas —de unos veinte minutos— son provechosas, pero también pueden ser una señal de que no se duerme bien por la noche y, por tanto, de que hay un mayor riesgo de padecer problemas directamente relacionados con la salud cerebral. Un amplio estudio publicado en 2022, por ejemplo, descubrió que las personas que hacen la siesta a menudo tienen más probabilidades de presentar presión arterial alta y de tener un ictus.[10] Si sueles hacer la siesta, limítala a treinta minutos a primera hora de la tarde, digamos antes de las 15:00 h. Las siestas más largas a última hora del día pueden alterar el sueño nocturno. Si estás intentando incrementar tu sueño nocturno hasta como mínimo siete horas, omite la siesta por completo. De un día para otro no vas a dormir entre siete y nueve horas, ya que a tu cuerpo le llevará un tiempo adaptarse y acostumbrarse a un nuevo horario, así que ten paciencia. Si durante el día te entra sueño pero no quieres hacer la siesta, da un paseo al aire libre y pon tu cuerpo en movimiento. Observa si te sientes pesado por algo que has comido, o si tal vez tu cuerpo necesita alimento. Asegúrate de que estás bien hidratado y no son las primeras señales de sed. Tómate un ligero tentempié —una pieza de fruta o un puñado de frutos secos— y luego sal a dar un paseo a paso ligero.

CÓMO ALARGAR LAS HORAS DE SUEÑO DE FORMA NATURAL

Si no estás durmiendo lo suficiente, no esperes resolverlo de la noche a la mañana –valga el juego de palabras–. Realiza algunos ajustes con incrementos de quince o treinta minutos durante varias semanas. Elige qué parte del ciclo –la hora de acostarte o la de levantarte– quieres cambiar. Para la mayoría de las personas, es más fácil mostrarse más flexible con la hora de acostarse que con la de levantarse. Adelanta la hora de acostarte quince minutos durante unos días y, a continuación, vuelve a adelantarla otros quince minutos, hasta un total de treinta minutos con respecto a la hora original. Mantén esta rutina durante varios días hasta que te sientas preparado para reducir otros quince minutos. Repite este proceso hasta que consigas dormir entre siete y nueve horas.

REGLA #3 PARA DORMIR BIEN: VIGILA LO QUE COMES Y BEBES A ÚLTIMA HORA DEL DÍA

Evita la cafeína después de comer —abstente definitivamente después de las 14:00 h— y, entre dos y tres horas antes de acostarte, no comas ni bebas, y así no tendrás que levantarte para ir al baño. Las comidas copiosas demasiado próximas a la hora de acostarse también pueden alterar el sueño.

REGLA #4 PARA DORMIR BIEN: CUIDADO CON LOS MEDICAMENTOS

Los fármacos, ya sean con o sin receta, pueden contener ingredientes que afectan al sueño. Por ejemplo, muchos medicamentos para el dolor de cabeza contienen cafeína. Algunos fármacos para el resfriado común pueden llevar descongestionantes estimulantes —como la pseudoefedrina—. Los efectos secundarios de muchos medicamentos de uso muy extendido como los antidepresivos, los esteroides, los betabloqueantes y los fármacos para el Parkinson también pueden afectar al sueño. Sé consciente de qué medicamentos te estás tomando y, si son necesarios, consulta con tu médico para ver si puedes ingerirlos más temprano para que tengan un menor impacto sobre el sueño.

REGLA #5 PARA DORMIR BIEN: PREPARA EL AMBIENTE

Mantén tu habitación fresca, en silencio, oscura y sin aparatos electrónicos encendidos. ¡No te lleves el móvil a la cama a menos que esté en un modo que no emita luz ni mande notificaciones! La temperatura ideal para dormir está entre 16 y 19 °C. Plantéate usar un antifaz para dormir si no es posible dejar tu habitación totalmente oscura. Si vives en un entorno urbano, prueba con una máquina de sonidos o con un generador de ruido blanco para bloquear los ruidos de la calle. Si tus mascotas se mueven o hacen ruido, no les dejes entrar en la habitación. Adopta algunos rituales antes de acostarte, y reserva entre treinta minutos y una hora para relajarte y realizar tareas que ayuden a tu cuerpo a saber que pronto llegará la hora de dormir. Esto significa que has de evitar tareas estimulantes —como trabajar, estar frente al ordenador o utilizar el móvil— y dedicarte a actividades que te tranquilicen —como darte un baño caliente, leer, beber infusiones o escuchar música relajante—. Haz estiramientos o ejercicios de relajación. Llevar calcetines para mantener los pies calientes también puede ayudarte a conciliar el sueño.

Insisto, evita la luz de las pantallas, especialmente las que emiten luz azul, una longitud de onda de luz que puede inhibir considerablemente la melatonina —la hormona necesaria para conciliar el sueño—. La luz azul altera nuestro sueño y nuestro ciclo de sueño-vigilia. Se pueden comprar filtros de pantalla o llevar gafas especiales que bloqueen las longitudes de onda azules, pero no son tan eficaces como se pensaba hace un tiempo.[11] No hay pruebas que demuestren que las lentes o los filtros que bloquean la luz azul aporten alguna mejora. Lo ideal es evitar las pantallas una hora antes de acostarte y encontrar otras formas de relajación que no impliquen una pantalla o un dispositivo digital.

REGISTRO DEL SUEÑO

	Actual	Objetivo
Hora de acostarme	________	________
Hora de levantarme	________	________
Horas de sueñó	________	________

Reglas en las que necesito trabajar para alcanzar mi objetivo

____

____

NOTAS DE LA SEMANA 3

Qué me ha resultado útil: ____

____

Qué me ha resultado difícil: ____

____

En qué puedo mejorar: ____

____

En tres palabras, cómo me siento: ____

____

DEJA QUE LA TECNOLOGÍA TE AYUDE A TENER UN «SUEÑO DE ALTA TECNOLOGÍA»

A algunas personas les encanta usar la tecnología para conciliar el sueño. El número de dispositivos y productos que llegan al multimillonario mercado de la ayudas para dormir es extraordinario. Disponemos de todo tipo de productos para mejorar el sueño, desde relojes inteligentes y anillos de alta tecnología que pueden controlar la calidad y la cantidad de sueño hasta aplicaciones que ofrecen una amplia selección de cuentos y meditaciones para la hora de dormir. Puedes llevar encima dispositivos que hagan un seguimiento de tu sueño nocturno y decirte lo bien que has dormido e incluso cuándo has alcanzado el sueño profundo y durante cuánto tiempo has estado en cada ciclo. También puedes saber cuánto has tardado en quedarte dormido y obtener un análisis completo de la calidad de tu sueño. Esto te permite usar la información para ajustar determinados aspectos al día siguiente –por ejemplo, tu ingesta de alimentos y de cafeína, o cuándo has de hacer ejercicio– para ver si eso cambia tu modo de dormir. Estas tecnologías no le sirven a todo el mundo, pero te animo a que explores si alguna de ellas te va bien. ¡Arriésgate!

Reto adicional: Si crees que tienes algún trastorno del sueño que requiere tratamiento, solicita una cita para un estudio del sueño. Si presentas al menos tres de los siguientes síntomas, no lo dudes:

- Dificultad para conciliar el sueño o mantenerlo tres veces a la semana durante por lo menos tres meses.
- Ronquidos frecuentes.
- Somnolencia diurna persistente.
- Molestias en las piernas antes de dormirte.
- Escenificas tus sueños mientras duermes.
- Rechinamiento de los dientes (bruxismo).
- Te levantas con dolor de cabeza o con las mandíbulas doloridas.

Consulta con tu médico para que te aconseje adónde acudir. Muchos centros del sueño ofrecen la posibilidad de realizar el estudio en casa y enviar los datos al centro para su análisis. Si te preocupan afecciones como la apnea del sueño, es posible que tu seguro lo cubra. Muchos hospitales prestan estos servicios.

ENCUENTRA A TU GRUPO

Imagina cómo sería la vida sin nadie a tu alrededor. Sé que he dejado claro que para seguir este programa debes ponerte a ti en primer lugar, pero esto también significa relacionarte con los demás y estrechar vínculos con las personas que ahora son importantes en tu vida, así como con las que probablemente aparecerán en el futuro. Si aún no tienes un círculo de amigos estable y diverso, busca tiempo para ampliarlo. Son demasiadas las personas que pierden muchos contactos con el paso de los años y carecen de relaciones sociales sólidas al llegar a la mediana edad; sobre todo, cuando los hijos han crecido y se emancipan, o cuando fallecen las personas que solían formar parte de tu vida.

Solemos subestimar el valor de acercarnos de forma casual a las personas de nuestros círculos sociales.[12] El mero hecho de saludar o preguntar a alguien cómo está mediante una llamada telefónica, un correo electrónico o un mensaje de texto puede ser sorprendentemente valioso. En 2022, un equipo de investigadores de la Universidad de Pittsburgh realizó una serie de experimentos que demostraron que, en efecto, no valoramos lo suficiente cuánto aprecian los amigos tener noticias nuestras.[13] Además, los momentos de conexión más impactantes y significativos ocurrieron cuando las personas no se habían anticipado a ello, ya que no habían estado en contacto o comunicación cercana entre sí durante un tiempo. En todas las pruebas, en las que participaron cerca de seis mil personas, la persona que iniciaba el contacto no era consciente de hasta qué punto iba a ser reconocido su gesto. El estudio incluyó el contacto entre personas que consideraban que su amistad era bastante distante. Los pequeños momentos de conexión son importantes, aunque requieran tiempo o resulten incómodos. Otros estudios demuestran que las interacciones sociales positivas están relacionadas con un sentido de propósito en los adultos mayores.[14] Estos resultados ponen aún más de manifiesto la necesidad de que, para funcionar bien y sentirnos lo mejor posible, hay que interrelacionarse con los demás a diario. La amistad y el compañerismo son tan importantes para la salud personal como el comer o el dormir. Y en un momento en que la soledad se cierne sobre la sociedad, cada uno de nosotros debe poner de su parte para que fluya la comunicación —y ayudar a los demás a que hagan lo mismo—.

Una vez conocí a un hombre de ochenta y tantos años que ya hacía años que estaba jubilado y, por su edad y su falta de movilidad, se había quedado tan aislado que no podía llamar ni a una sola persona para celebrar el día de su cumpleaños. No tenía esposa ni hijos ni familiares cercanos, y vivía solo en la gran casa en la que se había criado. Cuando lo conocí, quería mudarse a un sitio más pequeño, pero no sabía por dónde empezar y no tenía a nadie a quien acudir para que le echara una mano. Me dio mucha pena, porque había dejado pasar la vida sin remedio. Es sorprendente la cantidad de personas que pueden acabar en una situación similar. La falta de relaciones sociales puede ser tan destructiva para la cognición y el bienestar general como cualquier otro problema biológico.[15] De hecho, en un amplio estudio en el que se procesaron los datos y se controlaron las variables de confusión, el aislamiento social iba asociado a un 30 % más de probabilidades de morir.[16] Vamos a trabajar en estas relaciones. Esta semana, empezaremos con algunos ejercicios.

EJERCICIO 1

Elabora una lista con varias personas que actualmente sean importantes en tu vida y en las que puedas confiar si las cosas se ponen difíciles. Yo tengo un hermano menor, Suneel, que siempre ha sido uno de mis confidentes más íntimos, a parte de mi mujer. Identifica a este tipo de personas en tu vida y valóralas. Esfuérzate en cultivar estas relaciones, y toma conciencia de que has de cuidarlas tanto como a las demás cosas que valoras en la vida. Suneel, en su libro *Backable* —¡sí, también es escritor!— habla sobre los cuatro tipos de personas que deberían formar parte de tu grupo. Son las cuatro C. Aquí va un pequeño resumen que te puede ayudar a plantearte tus relaciones —sin duda puedes tener a más de una persona que encaje en cada categoría—.

El **colaborador** es alguien que te ayudará a expandir tus pensamientos y a poner en práctica tus ideas. No estará de acuerdo con todo lo que digas, pero sus aportaciones serán constructivas. Cuando estás con un colaborador, es como si estuvieras en una *jam session* musical, inspirándoos el uno en el otro y recogiendo vuestras ideas.

¿Quién es tu colaborador? ______________________________

El **admirador** es la persona que hará que te sientas seguro de ti mismo antes de entrar en acción. Los jugadores de hockey, antes de un partido, hacen calentamiento con su portero practicando tiros fáciles de bloquear. En esos minutos finales, el objetivo es aumentar la confianza del portero, no sus habilidades.

¿Quién es tu admirador?______________________________

El **coach** te ayudará a que averigües si los pensamientos o ideas que tengas son adecuados para ti. Recuerda que el hecho de que una idea sea buena para otras personas no significa que sea buena para ti. Mi mujer, Rebecca, es mi coach.

¿Quién es tu coach?______________________________

El **cheddar** desempeña el rol más importante en tu círculo. Esta palabra sale del nombre de un personaje de la película *8 millas*: es uno de los amigos de Eminem, al que le gusta hacer de abogado del diablo. Tu *cheddar* es la persona que deliberadamente buscará fisuras en tus ideas, será brutalmente honesta y, algunas veces, hará sugerencias que te molestarán.

¿Quién es tu *cheddar*? ______________________________

Estos son los miembros nucleares de tu grupo, las personas que te apoyarán incondicionalmente cuando celebres tus mayores victorias y cuando estés en los momentos más vulnerables. Estos son los amigos que siempre están ahí y que no te juzgarán por mucho que se desorganice tu vida. Piensa en lo que aportan a tu vida y anótalo.

____

____

____

Al hacer este ejercicio, es posible que pienses en personas que te agotan o que te hunden emocionalmente. Puedes nombrarlas aquí y distanciarte de ellas.

____

____

____

No siempre podemos apartarnos de determinadas personas de nuestra vida, pero sin duda podemos limitar la influencia que tienen en nosotros.

EJERCICIO 2

Escribe una carta a esa persona que calificarías como tu mejor amigo. No tiene por qué ser tu pareja. Explícale lo importante que es en tu vida y exprésale tu gratitud por todo lo que aporta a tu salud y tu felicidad. Organiza una comida o una excursión para reuniros lo antes posible.

EJERCICIO 3

Revisa las fotografías que te has hecho a lo largo de los años con personas a las que quieres y elige al menos tres que reflejen momentos de pura alegría y conexión. Imprímelas y pégalas aquí:

NOTAS DE LA SEMANA 4

Qué me ha resultado útil: ______________________

____

Qué me ha resultado difícil: ______________________

____

En qué puedo mejorar: ______________________

____

En tres palabras, cómo me siento: ______________________

____

Reto adicional: Piensa en alguien de tu pasado con quien hayas perdido el contacto. Intenta localizar a esa persona por correo electrónico, por teléfono o por mensaje de texto. ¡Encuentra un momento para poneros al día!

SIGUE APRENDIENDO

¿Con qué frecuencia lees y te instruyes sobre temas ajenos a tu interés profesional? ¿Cuándo fue la última vez que devoraste una novela sin pestañear? ¿Quieres aprender un nuevo idioma? ¿Tomar clases de pintura, informática o cocina? ¿Unirte a un taller de escritura para terminar tus memorias? ¿Hacer paracaidismo, submarinismo, pesca de altura o escalar una montaña? ¿Volver a jugar a aquel deporte que practicabas en tu juventud? ¿Probar una actividad totalmente nueva que amplíe tus límites?

Cuando te tomas la vida como si fueras un eterno «aprendiz» —es decir, te muestras receptivo ante los nuevos estímulos y la nueva información— obligas a tu cerebro a crear nuevas conexiones, a reforzar las antiguas y a almacenar nuevos recuerdos. Además, también trabajas la atención, que es clave para mantener la salud cerebral. De hecho, los problemas de memoria pueden ser simplemente el resultado de una falta de habilidades para prestar atención. Y no hay mejor manera de trabajar estas habilidades que sumergiéndose en algo diferente o que reavive un hábito que hace tiempo abandonaste. Incluso se puede retomar una afición olvidada, y disfrutarla como nunca. Y las novelas, por cierto, pueden ser en sí mismas excelentes ejercicios de ingenio, porque obligan a tu cabeza a que juegue con personajes y complicadas tramas. Cuando una persona sufre deterioro cognitivo, muchas veces abandona las historias de ficción, porque le resulta demasiado complejo seguir sin esfuerzo el hilo de una historia. Al leer un libro, nadie piensa que está superando límites cognitivos, pero la esencia de leer y «digerir» una narración es precisamente eso.

Ahora es el momento de pasar a la acción. Independientemente de la actividad que elijas, se trata de que mantengas tu cerebro en forma. No espero que, de la noche a la mañana, te apuntes a un nuevo curso ni que saltes en paracaídas de un avión, pero empieza a explorar nuevas posibilidades. Echa un vistazo a los cursos de educación para adultos de la universidad de tu zona o a las clases de las instalaciones deportivas de tu barrio. Preferiblemente, haz algo que te saque de tu zona de confort. Y, si puedes añadir a la actividad un componente motriz, como tocar música, pintar o hacer cerámica, aún mejor. Empieza haciéndote las siguientes preguntas:

Cosas que me gustaría probar:

____

____

Aficiones o deportes de mi juventud que me gustaría recuperar:

Libros que me gustaría leer (incluye en la lista libros de no ficción y de ficción):

Cuando planifico cualquier actividad, desde un viaje hasta una cena, me pongo a investigar sobre personas y lugares concretos. Para mí es como aprender con una finalidad. Antes de un reciente viaje a Japón, no solo me documenté sobre las costumbres del país y su origen, sino que además leí varias novelas de escritores japoneses, como Yasunari Kawabata, Ruth Ozeki o Haruki Murakami. La oportunidad de aprender sobre un tema específico para un acontecimiento cercano, siempre ha resultado ser una gran fuente de sabiduría. Así que, con esto en mente, piensa en otras culturas o personas sobre las que te gustaría aprender más y escribe cómo puedes acercarte a ellas:

NOTAS DE LA SEMANA 5

Qué me ha resultado útil: ______________________________

____

Qué me ha resultado difícil: ____________________________

____

En qué puedo mejorar: _________________________________

____

En tres palabras, cómo me siento: ______________________

____

Reto adicional: Cómprate hoy mismo un libro que te ayude a aprender más sobre algún tema con el que no estés familiarizado. Luego elabora un «tablero de visiones» con las ideas que has enumerado esta semana utilizando recortes de revistas u otras publicaciones que sirvan de pistas visuales. Un tablero de visiones o «sueños» es un *collage* de imágenes y palabras que representa tus deseos, tus sueños y tus metas. Puedes crear uno con una simple cartulina o en una pared de tu hogar. Los tableros de visiones sirven para motivarte y empujarte a dar los pasos necesarios para alcanzar tus objetivos vitales, especialmente los más difíciles de alcanzar o los que suponen un reto.

ACTIVA ANTÍDOTOS CONTRA EL ESTRÉS

Tiempo atrás, trabajé en un documental para HBO llamado *El estrés de una nación*. La película pretendía averiguar por qué tantos estadounidenses sufren estrés y cuál es su origen. Y una de las cosas que más me sorprendió es la idea de que el estrés propiamente dicho no es el enemigo. De hecho, el estrés es algo necesario para levantarnos de la cama, estudiar para un examen o simplemente llegar al final de nuestra jornada laboral. El problema es el estrés crónico, ese tipo de estrés que nunca desaparece y que nos desgasta emocional y físicamente.

De esta experiencia saqué dos lecciones importantes. En primer lugar, ahora utilizo los momentos de estrés para superar los desafíos: en lugar de paralizarme o quedarme sin fuerzas, me doy cuenta de cómo puedo impulsar mis pensamientos y aumentar mi energía. En segundo lugar, rompo el ciclo de estrés constante. Eso significa desconectar totalmente de los factores estresantes. Aunque me gusta la música y el ejercicio y, en la medida de lo posible, prefiero realizar actividades acuáticas, el mayor beneficio se produce cuando apago todos mis dispositivos electrónicos y dejo que mi mente vague libremente sin seguir ninguna agenda. Algunos de mis momentos más felices y menos estresantes han sido simplemente espacios en blanco en la agenda, que me permitían tener una sensación de control porque no me sentía agobiado ni a merced de un horario excesivamente ocupado. Cuando uno está tranquilo y sereno, experimenta de forma natural que tiene más control sobre su vida y sobre lo que se le presenta. Por eso propongo que te hagas la siguiente pregunta: ¿cuánto control sientes que tienes hoy sobre tu vida? Puntúate del uno al diez:

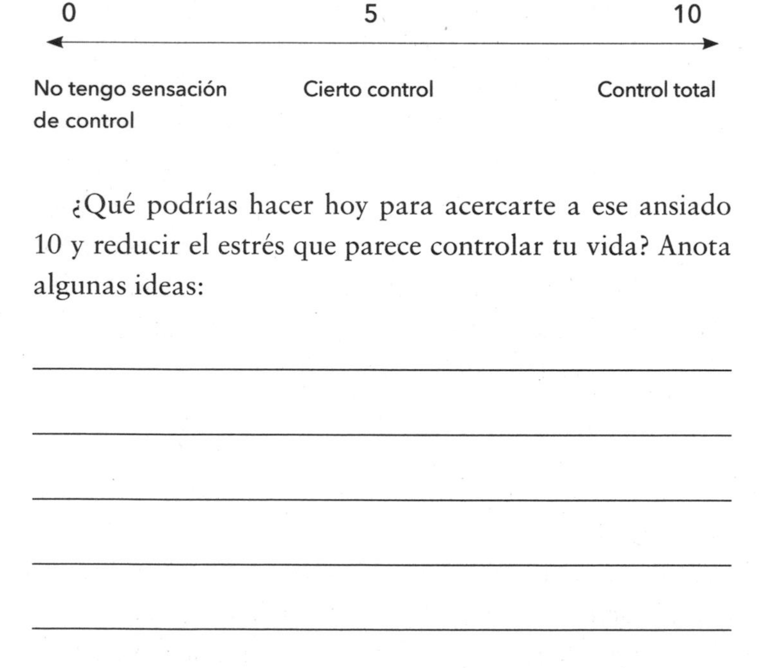

¿Qué podrías hacer hoy para acercarte a ese ansiado 10 y reducir el estrés que parece controlar tu vida? Anota algunas ideas:

Estas son algunas de las mías:

MEDITACIÓN

Hace algunos años, después de pasar un tiempo con el Dalai Lama en el monasterio Drepung en Mundgod, en la India, empecé a practicar la meditación diaria. En lugar de una forma tradicional de meditación, en la que solo te has de concentrar en un objeto concreto, en palabras, música o en tu propia respiración, aprendí un tipo de meditación analítica: pienso en el problema que intento resolver y lo sitúo en una imaginaria burbuja transparente. Luego, con los ojos cerrados, visualizo el problema ante mí y, a medida que se eleva, veo cómo se desprende de todas sus ataduras, incluidas mis emociones. De esta manera puedo aplicar la lógica más fácilmente y resolver el problema de forma racional, sin distracciones. Practico este tipo de meditación todos los días desde 2017. Los primeros dos minutos, donde creo mi burbuja de pensamiento y la visualizo ingrávida frente a mí, siguen siendo los más difíciles. Después, alcanzo lo que se podría describir como «el estado de flujo por excelencia», que se prolonga ininterrumpidamente durante unos veinte o treinta minutos. Estoy más convencido que nunca de que incluso los escépticos acérrimos pueden tener éxito con la meditación analítica.

Si nunca has meditado, encuentra el tipo de meditación más adecuado para ti. Hoy en día existen muchas aplicaciones que te ayudan a relajarte o te guían durante los ejercicios de meditación. Prueba alguna esta semana y comprueba cuál es la más adecuada para ti. Como mínimo, te animo a que practiques la respiración profunda dos veces al día. Un ejercicio de respiración profunda —apenas exige unos minutos— quizá sea el tipo de meditación más sencillo y factible, ya que puedes realizarlo en cualquier lugar. Te servirá para empezar y te proporcionará una base sólida para probar técnicas más avanzadas. Además de la meditación analítica, también realizo ejercicios de respiración profunda a diario, para reducir mi nivel de estrés. Lo único que debes hacer es sentarte cómodamente, en una silla o en el suelo, cerrar los ojos y asegurarte de que tu cuerpo está relajado, liberando toda la tensión en el cuello, los brazos, las piernas y la espalda. Haz una inhalación nasal tan larga como puedas, sintiendo cómo el diafragma y el abdomen se elevan a medida que el estómago se expande. Toma un poco más de aire cuando creas que has llenado a tope tus pulmones. Luego, exhala lentamente contando hasta veinte, expulsando una gran bocanada de aire de los pulmones. Repite al menos cinco veces todo el proceso.

10 APLICACIONES DE SALUD MENTAL PARA CALMAR TU MENTE

- BetterHelp
- Calm
- Happify
- Headspace
- iBreathe
- Moodfit
- MoodMission
- Sanvello
- Shine
- Talkspace

Si pensamos en el sistema nervioso simpático y parasimpático, los ejercicios de respiración profunda aún tienen más sentido. Cuando se activa nuestro sistema simpático, el estrés se adueña de nuestro cuerpo, porque se activa nuestra alerta de lucha o huida. Una forma rápida de contrarrestar esta sensación es activar nuestro sistema parasimpático haciendo algunas respiraciones profundas de forma deliberada. Aunque parezca demasiado sencillo, en poco tiempo podrás llevar tu cuerpo y tu cerebro a un mejor equilibro. Si eres capaz de pensar en las cosas por las que estás agradecido, funcionará mejor (hablaremos de esto en breve). Es casi imposible que la gratitud y los pensamientos tóxicos convivan simultáneamente en el cerebro.

La meditación, en cualquiera de sus formas, no es válida para todo el mundo. Pero vamos a ver si, por lo menos, encuentras un método para reducir el estrés que puedas practicar una vez al día durante quince minutos como mínimo. Si no te sirve la meditación, tal vez te ayude la oración, el *tai chí*, las imágenes guiadas, la relajación muscular progresiva, el yoga reconstituyente o escribir un diario. Para que se te ocurran algunas ideas, responde a estas preguntas:

Mis momentos de mayor placer y sensación de calma son:

____.

Pierdo la noción del tiempo cuando: ____________________

____.

Mis momentos de mayor relajación son: _______________

____.

Me siento más consciente, presente y en paz cuando: ______

____.

Mis lugares preferidos son: ______________________

____.

ECOTERAPIA

Una de las actividades que más me gusta practicar es salir a dar un paseo por la naturaleza, haciendo un esfuerzo por asimilar el entorno y prestar atención a todos los detalles visuales. También me fijo en los olores y los sonidos. Para mí, no se trata de un ejercicio, más bien es como seguir una película que se desarrolla ante mí. Me expongo a los ruidos de la naturaleza e incluso a algunas sustancias como los fitoncidas (hablaré sobre ellos enseguida), lo que me ayuda a superar algunos obstáculos, como el bloqueo del escritor. No escucho música ni pódcast, estoy totalmente inmerso en la madre naturaleza. Tiene poderes curativos.

Los japoneses se toman muy en serio la terapia en la naturaleza, que denominan *shinrin-yoku*: baños de bosque, que significa simplemente sumergirse en el bosque. Últimamente, los baños de bosque se han popularizado en todo el mundo como un método para bajar el ritmo cardíaco, la presión arterial y para reducir la producción de hormonas del estrés. Aunque ya hace tiempo que, para mejorar el bienestar mental, se recomienda pasar tiempo en la naturaleza, ahora sabemos exactamente por qué. Cuando acudes a la ecoterapia y respiras el «aroma del bosque», también estás absorbiendo unas sustancias químicas llamadas *fitoncidas*, que protegen a los árboles de los insectos y de otros factores de estrés. Como se ha sabido en la última década, las fitoncidas también pueden protegernos a nosotros aumentando nuestras células inmunitarias NK y reduciendo los niveles de cortisol.

No hace falta que te desplaces hasta un bosque recóndito; igual te puede servir simplemente escarbar en la tierra de tu jardín o pasear por parque cercano o la playa. Algunas investigaciones han descubierto que andar por la naturaleza, a diferencia de hacerlo en entornos urbanos, ayuda a las personas a controlar su estrés, a reducir los quebraderos de cabeza y a regular las emociones. Varios estudios demuestran que los espacios verdes y los parques de las ciudades son muy beneficiosos para la salud mental. Paso mucho tiempo en interiores —en quirófanos y redacciones sin ventanas—, así que aprecio los momentos en los que puedo pasear al aire libre y absorber los manjares que ofrece la naturaleza.

DIARIO DE INQUIETUDES

Junto a mi cama tengo un bloc de notas y uno de mis bolígrafos favoritos. Si hay algo que me inquieta, lo escribo y le pongo una casilla al lado para marcarla cuando se haya solucionado el problema o haya completado la tarea. El simple hecho de escribir la tarea alivia la demanda cognitiva de intentar recordarla. A veces, también se me ocurren soluciones para abordar el problema y las escribo. ¡Pruébalo!

DIARIO DE AGRADECIMIENTOS

La otra cara de la moneda de cosas que te inquietan son los agradecimientos. Intenta empezar y terminar el día pensando en las cosas por las que has de estar agradecido y plantéate la posibilidad de llevar un diario de agradecimientos. Los estudios demuestran que la gratitud reduce la depresión y la ansiedad, disminuye el estrés y aumenta la felicidad y la empatía. Es difícil enfadarse o angustiarse cuando agradeces las cosas positivas que te da la vida. Mi práctica de gratitud activa me ayuda mucho a darle un descanso a mi cerebro. Actúa en él como un botón de reinicio y permite que los problemas insignificantes —que me desgastan el cerebro— desaparezcan. Lo practico a solas o con mi familia siempre que se da la ocasión. Esta semana, intenta empezar, o terminar, cada día pensando en al menos tres cosas por las que estás agradecido y considera la posibilidad de llevar un diario de agradecimientos durante los próximos siete días, usando siempre la misma entrada, tal como te propongo a continuación:

Enumera tres cosas por las que estés agradecido hoy (día 1):

1. ______________________________

2. ______________________________

3. ______________________________

Enumera tres cosas por las que estés agradecido hoy (día 2):

1. ______________________________

2. ______________________________

3. ______________________________

Enumera tres cosas por las que estés agradecido hoy (día 3):

1. ______________________________

2. ______________________________

3. ______________________________

Enumera tres cosas por las que estés agradecido hoy (día 4):

1. ______________________________

2. ______________________________

3. ______________________________

Enumera tres cosas por las que estés agradecido hoy (día 5):

1. ______________________________

2. ______________________________

3. ______________________________

Enumera tres cosas por las que estés agradecido hoy (día 6):

1. ______

2. ______

3. ______

Enumera tres cosas por las que estés agradecido hoy (día 7):

1. ______

2. ______

3. ______

EMPRENDE EL DÍA COMO UN CIRUJANO

¿Estás orgulloso de practicar la multitarea? Pues eso podría estar arruinando tu cerebro. A pesar de nuestro empeño en gestionar múltiples tareas al mismo tiempo, el cerebro no es partidario de seguir esta metodología —a menos que, como se ha señalado antes, una de esas tareas sea el movimiento—. Es evidente que se puede caminar y hablar al mismo tiempo mientras se respira y se digiere el almuerzo, pero el cerebro no puede concentrarse en la ejecución de dos actividades que exijan hacer un esfuerzo consciente, pensar, comprender o ser hábil al mismo tiempo. Cuando intentas realizar varias tareas mentales a la vez, ralentizas tu pensamiento. Aunque parezca que estás siendo más productivo, lo efectúas todo más lentamente. ¿Acaso te gustaría que yo te operara el cerebro mientras estoy dictando un email o hablando por teléfono? El cerebro maneja las tareas de forma secuencial, pero puede mover el foco de atención entre ellas tan rápidamente que nos da la sensación de que podemos realizar varias tareas simultáneamente.

Si quieres hacer más con menos esfuerzo, trabaja en tu capacidad de atención: céntrate en una secuencia —una tarea— concreta y evita las distracciones. Esto puede ser una experiencia sorprendentemente placentera de la que yo disfruto siempre que estoy en el quirófano. Los quirófanos son uno de los pocos sitios en los que están prohibidísimas las distracciones. Estás escrupulosamente limpio, sin poder mirar el móvil, mientras entras en un estado de concentración total en la tarea que estás haciendo. Es como ponerle el turbo a tu cerebro, llevarlo a una carretera llana y vacía, y darle rienda suelta. La mayor parte del tiempo, nuestros cerebros están atrapados en el tráfico, parando y arrancando, trabajando duro y moviéndose con lentitud en medio de demandas que compiten entre sí y agotan nuestra atención. Deja que tu cerebro se centre en una sola tarea. No solo harás más de lo que pensabas que podías hacer, sino que además alcanzarás un nivel de satisfacción que de otro modo es difícil de conseguir. Al cerebro le encanta trabajar de forma secuencial. Y eso, además, ¡también ayuda a mantener la cordura!

Para ello, intenta eliminar una actividad de tu lista de tareas pendientes cada día de esta semana:

Día 1: ____

Día 2: ____

Día 3: ____

Día 4: ____

Día 5: ____

Día 6: ____

Día 7: ____

Si te cuesta pensar en al menos una tarea, he aquí una forma de pensar en cómo planificar tus quehaceres diarios: identifica cuáles son piedras y cuáles son arena. Si has de rellenar una jarra con piedras y arena, ¿qué pondrás primero? Las piedras. Así permites que la arena rellene los espacios intermedios. Esta metáfora es clave para organizar tus días y optimizar tu tiempo. Piensa en las piedras como si fueran las tareas importantes de tu día —citas, compromisos, proyectos o actividades importantes, como el movimiento y el sueño—, y en la arena como todo lo demás —comprobar la bandeja de entrada, devolver una llamada, lidiar con cosas no urgentes—. No te quedes atascado en la arena. El siguiente ejercicio te ayudará a hacerlo:

Cada domingo por la noche, reserva treinta minutos para echar un vistazo a tu agenda semanal y hazte esta poderosa pregunta: «¿Qué objetivos debo cumplir durante los próximos siete días para sentir que la semana ha sido un éxito?». Haz aquí una lista con las diez piedras que te parecen más importantes en este momento y tenlas presentes:

1. ______________________________

2. ______________________________

3. ______________________________

4. ______________________________

5. ______________________________

6. ______________________________

7. ______________________________

8. ______________________________

9. ______________________________

10. ______________________________

Ahora piensa en qué podría distraerte para realizar esas tareas importantes. Haz una lista de cosas que serían la arena y piensa cómo podrías disminuir esa carga:

___

___

___

¡A JUGAR!

Aunque los crucigramas no son tan útiles para preservar la función cerebral como uno podría pensar –y no esperes, como mucha gente supone, que un juego de ingenio pueda salvar tu salud cerebral–, esto no significa que completar crucigramas u otros juegos de palabras y números, como el Wordle o los sudokus, no valga para nada. En general, los juegos de ingenio sirven para estimular el cerebro, mejorar la memoria funcional y agudizar las funciones mentales. Y, además, pueden ser una forma simple de diversión y reducción del estrés. Los pasatiempos pueden servir como vía de escape de las obligaciones cotidianas. Esta semana, busca algunos rompecabezas y encuentra los que te ayuden a relajarte y dejarte llevar.

También puedes jugar a videojuegos pero, cuando puedas, hazlo con otras personas y en 3D. De hecho, se ha demostrado que los juegos en 3D potencian las habilidades de planificación y memoria. Y no hace falta que busques juegos diseñados para adultos. Los videojuegos para niños suelen ser igual de atractivos y desafiantes;

sobre todo, los más complejos, de ritmo rápido, llenos de acción y que van aumentando su dificultad. Así que, ¡a jugar![17]

Otra opción es un programa de la AARP llamado Staying Sharp, que incluye una evaluación cognitiva y del estilo de vida, actividades divertidas, retos interactivos, vídeos y juegos. Visita aarp.org /brainhealth.

LA MÚSICA

La música siempre ha sido una parte muy importante de mi vida. Mis padres, que en su momento fueron inmigrantes, trajeron a Estados Unidos su afición por Bollywood y en la mayoría de la música de esas películas aparecía un acordeón. Durante varios años fui a clases de acordeón. Mis padres pensaban que sería estupendo que algún día su hijo tocara esas melodías, aunque principalmente aprendí canciones populares alemanas y polacas. De todos modos, así nació en mí el amor por la música. Canté en el coro de la universidad y ahora tengo listas de reproducción para casi cualquier ocasión.

Hace poco tuve una larga conversación con el doctor Charles Limb, un amigo y colega neurocientífico, sobre la música.[18] Él ha estudiado los cerebros de artistas del jazz y de la improvisación, y sus hallazgos son asombrosos. Descubrió que cuando los músicos, tocando *blues*, intercambiaban frases de cuatro compases —un método de improvisación—, su cerebro se activaba como si estuvieran manteniendo una conversación muy visual —cuando dos músicos alternan solos cortos, a esto se le llama «intercambiar cuatros»—. Y lo que es aún más importante, zonas del cerebro como el córtex prefrontal dorsolateral se inhibían. Esta es la parte de nuestro cerebro que actúa como autocensor; por lo que, con menos actividad en esta zona, el cerebro confía más en su red por defecto, lo que significa que es más libre para experimentar, para soñar y para entrar en la zona de estado de flujo (consulta la Semana 10). Charles me dijo que el simple hecho de escuchar esta música, con sus *riffs* de improvisación, puede potenciar nuestra creatividad. Por eso mi música de «pensar», la música que me gusta escuchar cuando estoy concentrado, incluye mucho *jazz*. Una lista de reproducción de este tipo es toda instrumental y la mayoría de las canciones suelen tener un ritmo 120 compases por minuto. Experimenta con distintos tipos de *jazz* hasta que encuentres el que armoniza contigo y con tu cerebro. A menos que seas músico, probablemente, no empezarás a contar los compases; deja que los ritmos te hablen y que te guie cualquier melodía que te haga entrar en un estado más relajado, creativo y abierto. A continuación, te propongo algunos artistas de renombre que puedes escuchar y que tal vez te ayuden a relajarte. Comprueba cuáles te gustan:

Louis Armstrong
Chet Baker
Gary Burton
Betty Carter
John Coltrane
Harry Connick Jr.
Miles Davis
Duke Ellington
Bill Evans
Ella Fitzgerald
Billie Holiday
Diana Krall

John LaPorta
Thelonious Monk
Pat Metheny
Frank Sinatra
Charles Mingus
Ben Webster

No pienses que has de tocar un instrumento o saber leer partituras para beneficiarte de la música. Cuando moderé el encuentro de 2020 del Consejo Global sobre Salud Cerebral, este acababa de publicar conclusiones positivas sobre el poder de la música en la salud cerebral.[19] Y, como me recordó Charles, la música contribuye a nuestro bienestar. Es un fuerte estímulo para el cerebro. La música es un lenguaje universal que transmite emociones. «Mejora nuestra empatía», me dijo Charles. «Mejora nuestra capacidad de no sentirnos solos y creo que puede ayudarnos a sanar, de un modo que un mundo tan fracturado como el actual podría beneficiarse».

Y no subestimes el poder de algo tan ridículo y divertido como el karaoke. A mis padres les entusiasma el karaoke. Esta palabra significa «orquesta vacía» en japonés, pero cuando te subes al escenario y cantas a viva voz una canción que te sabes, aunque no tengas dotes para cantar como un profesional, se liberan endorfinas y neurotransmisores del bienestar. Nos proporciona alegría y es otra oportunidad para vivir experiencias sociales. Derrumbar los muros de la censura cerebral, consciente de sí misma, tiene sus ventajas.

MÚSICA PARA MI MENTE

Crea aquí tu propia lista de reproducción. Anota canciones que te guste escuchar cuando estás intentando concentrarte en algo importante para realizar una tarea que exige un gran esfuerzo cerebral. Intenta apuntar unas diez melodías:

____

____

____

____

____

____

____

____

____

NOTAS DE LA SEMANA 6

Qué me ha resultado útil: ______________________________

____

Qué me ha resultado difícil: ____________________________

____

En qué puedo mejorar: ________________________________

____

En tres palabras, cómo me siento: ______________________

____

Reto adicional: Ignora los mensajes de correo electrónico a primera hora de la mañana (pongamos hasta las 10:00 h). Las mañanas son el momento de oro. Empléalas haciendo tus trabajos más creativos, en lugar de los mecánicos. Gran reto: esta semana tómate un descanso de las redes sociales. Y, para rematar esta semana, vuelve a la página 142, donde anotaste ideas para reducir el estrés. Completa esa lista aquí:

____

____

____

ENCUENTRA TU FORMA DE «FLUIR»

Todos hemos tenido la experiencia de estar «en la onda», «en nuestra salsa» o «on fire». *Flujo* es la palabra utilizada para describir este fenómeno, acuñada por el fallecido teórico social Mihaly Csikszentmihalyi. Significa que te encuentras en un estado mental en el que estás totalmente inmerso en una actividad, sin ningún tipo de distracción ni agitación. No estás estresado, sino más bien te sientes felizmente relajado, pero a la vez concentrado y preparado para funcionar bajo presión. El concepto de flujo ha sido reconocido en muchos campos, como la terapia ocupacional, las artes y el mundo del deporte. Puede que Mihaly nos haya dado este término popular en tiempos modernos, pero el concepto de *fluir* existe desde hace miles de años bajo otras formas, sobre todo en algunas religiones orientales.

¿Qué relación tiene el estar fluyendo con la salud mental? No puedes estar verdaderamente en ese estado sin tener un propósito claro. Y sabemos que tener un propósito es esencial para mantener el cerebro en forma. Tener un propósito implica sentir curiosidad, ganas de explorar o adquirir nuevos conocimientos, y afrontar retos inesperados pero bienvenidos; es decir, todo aquello que sabemos que ayuda a reforzar las redes y la funcionalidad general del cerebro.[20] Acuérdate del estudio que señalé en la Primer Parte: se ha demostrado que tener una meta va asociado a una reducción del 19 % de la tasa de deterioro cognitivo clínicamente significativo. No fue un estudio de escala reducida: incluyó a 62.250 personas de tres continentes con una edad media de sesenta años. Lo que fue todavía más sorprendente fue descubrir que la conexión entre la salud cerebral y tener un propósito es aún mayor que otros conceptos, como el optimismo o la felicidad. La salud física de tu cerebro, ahora y en el futuro, depende más de tu sentido de la vida que de tus perspectivas generales o de tus satisfacciones. La idea es que, cuando uno vive con un propósito, es más probable que adopte conductas protectoras, como mantener una vida social y físicamente activa. También es más probable que realice actividades que estimulen el cerebro, como el voluntariado o el altruismo. Y, seamos sinceros, tener un objetivo en la vida nos sienta bien. Así que ponte las pilas y a ver si encuentras tu estado de fluir esta semana.

Pero ¿dónde hay que buscar? Quizá lo encuentres en el trabajo, o quizá no. Encontrar tu estado de fluir no tiene por qué estar relacionado únicamente con lo que haces para ganarte la vida. Puedes conseguirlo por distintas vías y a través de diferentes experiencias, siguiendo tus intereses profesionales o los puramente personales. Piensa en la última vez que estuviste on fire. ¿Cómo puedes identificarlo? Aquí tienes cinco pistas:

- Si perdiste la noción del tiempo.
- Si no tuviste que pensar demasiado para progresar en un empeño.
- Si no te interrumpieron pensamientos ajenos a la actividad que estabas haciendo.
- Si la tarea que tenías entre manos parecía no requerir esfuerzo.
- Si te sentiste totalmente pleno en aquel momento.

¿Qué estabas haciendo? ¿Cuánto tiempo ha pasado desde aquella vez? ¿Con quién estabas? ¿Cómo describirías el entorno en el que te encontrabas?

Te animo a que escribas aquí estas experiencias. Esta semana, pueden inspirarte para encontrar nuevas rutas hacia el estado de fluir.

____

____

____

____

ENCUENTRA TU IKIGAI

Ikigai es una palabra muy usada en Japón, especialmente en Okinawa, donde determinadas poblaciones tienen unas tasas de demencia increíblemente bajas. A grandes rasgos, significa «tu razón de ser». Esta antigua filosofía constituye un elemento esencial de la cultura japonesa. Algunos creen que es, en gran parte, la razón de sus altos niveles de felicidad y longevidad. Yo lo entiendo como lo que me hace querer saltar de la cama por las mañanas... y me mantiene en marcha todo el día. Todos haríamos bien en definir nuestro *ikigai*, porque es un recordatorio diario de nuestro propósito aquí en la Tierra. A menudo se utiliza para ayudar a las personas a definir lo que deberían hacer en su vida, señalando lo que les gusta, lo que se les da bien, aquello por lo que les pueden pagar y lo que el mundo necesita. Pero también puede utilizarse de forma más general, para resolver otras ecuaciones de la vida. Esta conocida imagen visual refleja lo que implica el *ikigai*:

Utiliza la siguiente plantilla en blanco y escribe dentro las palabras que reflejen tu *ikigai*.

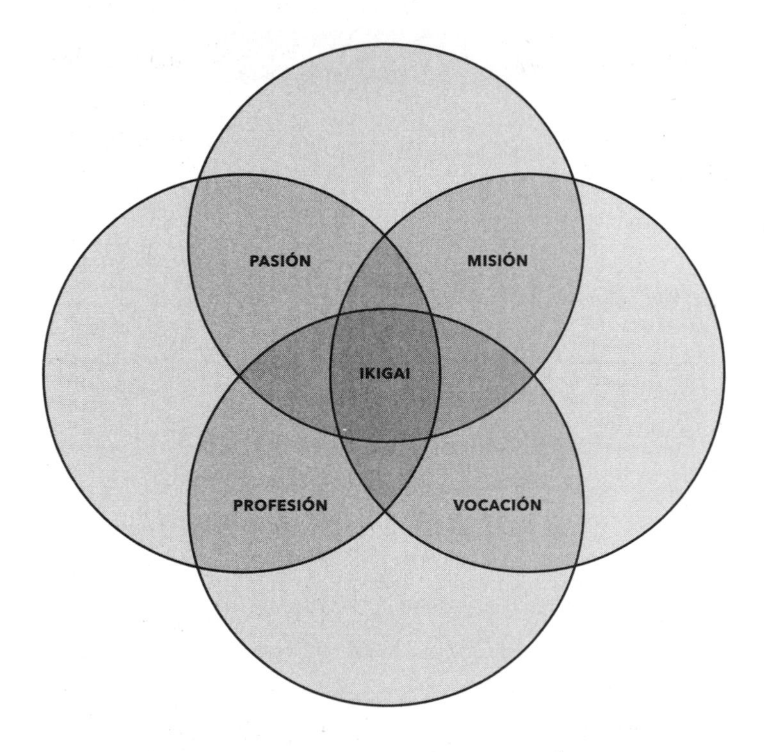

Aquel que tiene un «porqué» para vivir puede soportar casi cualquier «cómo».

Friedrich Nietzsche

NOTAS DE LA SEMANA 7

Qué me ha resultado útil: ______________________________

____

Qué me ha resultado difícil: ____________________________

____

En qué puedo mejorar: _________________________________

____

En tres palabras, cómo me siento: _______________________

____

Reto adicional: ¿Has logrado ser constante con tu dieta y tus sesiones de ejercicio? Son hábitos fundamentales para tu propósito, porque influyen en todo lo demás: cómo duermes, cómo afrontas el estrés, si tienes curiosidades y cómo conectas con otras personas. Analiza tus dietas diarias y tus pautas deportivas, y asegúrate de que estás cumpliendo las promesas que te has hecho.

HAZ ALGO QUE TEMAS HACER (CADA DÍA)

Como puedes imaginarte, esta es mi máxima favorita: «Cada día, haz algo que temas hacer». Se suele atribuir esta cita a Eleanor Roosevelt. Sin embargo, no se refería a hacer paracaidismo ni a ver una película de terror. Este aforismo no pretende fomentar los riesgos excesivos, sino recordarnos que es necesario salir de nuestra zona de confort, realizar actividades que no controlamos y superar nuestros límites. Se nos dan realmente bien las tareas sencillas, cómodas y predecibles. Y no hay nada de malo en ello —aproximadamente la mitad de nuestras acciones son tareas rutinarias—. Pero así como sorprendemos gratamente a nuestro cuerpo con nuevos movimientos y rutinas, deberíamos hacer lo mismo con nuestro cerebro. La ciencia tiene una explicación para ello: realizar actividades que tememos hacer activa diferentes áreas de la red neuronal y puede incluso promover la liberación de hormonas de la felicidad.

Es cierto. Anteriormente, he desacreditado ese viejo mito que asegura que solo utilizamos el 10 % de nuestro cerebro. Pero lo más próximo a la realidad es que, durante el 90 % del tiempo, la mayoría de nosotros solo empleamos el 10 % del cerebro. Piénsalo así. Usamos el cerebro de la misma forma que afrontamos una pandemia: nos quedamos en casa y acudimos de vez en cuando al supermercado, a la escuela o a la farmacia. A menos que busquemos un remedio, nuestros cerebros pueden funcionar en modo piloto automático la mayor parte del tiempo y evitar cualquier novedad que les suponga un nuevo esfuerzo. Si empiezas a practicar actividades nuevas y aceptar desafíos beneficiosos para ti, tienes la oportunidad de utilizar diferentes partes de tu cerebro y, con suerte, puedes crear nuevas neuronas en ese proceso. Un estudio reciente de Oxford y Cambridge afirma que la experimentación forzada otorga beneficios, pero que, al mismo tiempo, todos tenemos una reticencia natural a experimentar.[21] Es una lástima, porque, en muchos casos, el riesgo de probar algo nuevo es relativamente pequeño, mientras que los beneficios pueden ser enormes.

El doctor Earl K. Miller del MIT, un neurocientífico que estudia cómo ejecutamos el comportamiento dirigido a objetivos mediante complejos procesos mentales y capacidades cognitivas, afirma que, cuando afrontas aquello que temes o te pone nervioso, tu miedo desaparece.[22] Pregúntale a cualquier persona mayor de qué se arrepiente, y te responderá que no se arrepiente de nada de lo que hizo, ¡sino de lo que nunca tuvo el coraje de hacer! A veces, los mejores momentos de la vida son fruto de enfrentarnos a nuestros miedos. Aunque, al principio, fracases estrepitosamente, puede ser un primer paso hacia el éxito.

Esta semana, quiero que cada día salgas de tu zona de confort, dando por hecho que harás una actividad segura y que no menoscabe tu calidad de vida. A continuación, te propongo algunas ideas, junto con un espacio en blanco para que documentes tus momentos «aterradores» en las páginas 173-174:

- ❑ Habla con un desconocido.
- ❑ Evita las redes sociales.
- ❑ Escríbele una carta a tu yo joven.
- ❑ Escríbele una carta a tu yo mayor.
- ❑ Haz una receta de cocina totalmente nueva.
- ❑ Llama a un amigo del que te hayas distanciado.
- ❑ Toma una nueva ruta para ir al trabajo.
- ❑ Trabaja como voluntario en un comedor social o en una organización benéfica.
- ❑ Rechaza una invitación o una petición que vaya a minar tu energía.
- ❑ Apúntate a una clase de improvisación.
- ❑ Visita un museo.
- ❑ Empieza un club de lectura.
- ❑ Compra en un mercado o una tienda nuevos.
- ❑ Hazte con un perro.
- ❑ Siéntate a la orilla de un lago o del océano a leer un libro durante una hora.
- ❑ Ve a que te den un masaje.

- ❑ Planta algo en un jardín.
- ❑ Escribe la primera página de tus memorias.
- ❑ Planifica unas vacaciones a un destino exótico.
- ❑ Busca un trabajo nuevo.
- ❑ Contrata a un becario para enseñarle.
- ❑ Perdona a alguien que te haya hecho daño.
- ❑ Termina con una mala relación.
- ❑ Reforma una habitación.
- ❑ Haz unas vacaciones sin salir de tu localidad, pasando una noche en un hotel cercano.
- ❑ Ordena un armario o el garaje.
- ❑ Permítete soñar despierto.
- ❑ Prueba con un libro de colorear para adultos.
- ❑ Sal a navegar o a pescar, o prueba algún otro deporte acuático.
- ❑ Ve en coche a una ciudad o una zona cercana que no hayas visitado nunca.
- ❑ Cambia tu firma.
- ❑ Si fumas, empieza un programa para dejar de fumar.
- ❑ Múdate a una nueva ciudad (como mínimo piensa en ello).

EL PODER DEL PERDÓN

Si no se te ocurre nada profundo, te daré una idea que he enumerado arriba: perdona a alguien que te haya hecho daño. Se ha demostrado que el perdón es un poderoso incentivo para la salud mental y física que puede reducir la ansiedad, la depresión y los principales trastornos psiquiátricos.[23] Otros de los beneficios que proporciona son la reducción del abuso de pastillas, una mayor autoestima y satisfacción con la vida... todo cosas buenas para un cerebro feliz. Según una encuesta realizada por la oenegé Fetzer Institute, el 62 % de los adultos estadounidenses dicen que quieren más perdón de los demás en su vida personal –y este número aumentó hasta el 83 % en sus comunidades, el 90 % en Estados Unidos y el 90 % en el mundo–.[24] No hay nada saludable en guardar rencor, reprimir la ira y vivir con pensamientos y emociones negativos. Es cierto, perdonar no siempre resulta sencillo. Pero es difícil dirigir cualquier empresa que valga la pena. Aprende a dejar pasar las cosas. Esta semana, intenta encontrar a alguien a quien perdonar y lleva a cabo tal transacción. Y trata de practicar pequeños actos de perdón, simplemente restando importancia a las transgresiones de otras personas que te molestan y que, probablemente, te suben la tensión. Por ejemplo, cuando alguien sea grosero contigo o te corte el paso en el tráfico, perdónale en el acto, en silencio, y sigue adelante. Al fin y al cabo, en algunas ocasiones nos tomamos demasiado a pecho las cosas y reaccionamos de forma exagerada en detrimento nuestro. Libérate de esas reacciones innecesarias.

Momento aterrador del día 1: ______________________

Momento aterrador del día 2: ______________________

Momento aterrador del día 3: ______________________

Momento aterrador del día 4: ______________________

Momento aterrador del día 5: ______________________

Momento aterrador del día 6: ______________________

Momento aterrador del día 7: ______________________

Una idea más a considerar junto a estas líneas aterradoras: un día a la semana te prepararás por la mañana —te ducharás, te afeitarás o maquillarás, te lavarás los dientes y te vestirás— con los ojos cerrados. Sé que parece una locura, pero, ¡deberías intentarlo! Eso no solo te obliga a utilizar los demás sentidos, sino también a crear fuertes visualizaciones en tu cerebro, a partir de recordar dónde se encuentra tu ropa y los movimientos motores de vestirte.

NOTAS DE LA SEMANA 8

Qué me ha resultado útil: ______________________________

____

Qué me ha resultado difícil: ______________________________

____

En qué puedo mejorar: ______________________________

____

En tres palabras, cómo me siento: ______________________

____

Reto adicional: Elige uno de tus momentos aterradores y escribe sobre él aquí debajo:

____

____

____

____

____

____

¿Cómo te sentiste? ¿Cuáles eran las circunstancias? ¿Qué aprendiste y qué te sorprendió? ¿Cómo te ha motivado a pensar en otras formas de crear más «momentos aterradores»?

____

____

____

____

TOMA NOTA, IDENTIFICA EL PROBLEMA Y RESUÉLVELO

Hasta ahora, ¿qué te está funcionando con este programa? ¿Y qué no? Esta semana, tienes la oportunidad de seleccionar y anotar cuáles han sido las herramientas favoritas que has utilizado hasta ahora. También tendrás que considerar qué faltan por cumplir para asentar bien los seis pilares marcados. Pero antes, es importante reconocer que, durante la vida, todos pasamos por distintas fases que nos presentan distintos desafíos. Con el paso de los años y las décadas llegan las transiciones, marcadas por acontecimientos como el nacimiento de los hijos, la muerte de seres queridos, cambios en las relaciones, subidas y bajadas en nuestra economía, jubilación, accidentes, enfermedades o, tal vez, la pérdida de cierta autonomía como, por ejemplo, la capacidad para conducir. La gente que sabe adaptarse a las circunstancias y los giros que da la vida tiene más probabilidades de mantener su bienestar mental. La tristeza o el estrés permanentes no son una respuesta beneficiosa a estas transiciones y aumentan el riesgo de deterioro cognitivo. Es importante que hagas lo que puedas para conservar tu bienestar mental y reforzar continuamente tu resiliencia. Sigue las siguientes indicaciones para exponer tus sentimientos y analiza si puedes modificar algunos de tus hábitos para corregir estos problemas.

Mis tres mayores factores de estrés son: ____________________

____.

Lo que más me preocupa es (eso que me desvela por la noche):

____.

Una actividad que puedo hacer esta semana para aliviar mi ansiedad es: ____

____.

Tendría una vida más plena y alegre si: ____________________

____.

Una de las cosas que quiero tachar lo antes posible de mi lista de tareas por hacer antes de morir es: _______________

____.

En la Semana 6 hablé sobre la necesidad de actuar como un cirujano en nuestro día a día; es decir, concentrándonos en una sola tarea a la vez. Una parte de esta importante lección es aprender a decir «no» más a menudo y no ceder ante la presión de hacerlo todo. No es bueno para el cerebro. Tal como me recordó un colega, «no» puede ser una frase completa. No obstante, el reto consiste en decir «no» *sin disculparnos ni dar explicaciones.* No estás siempre obligado a justificar por qué elijes decir «no». No te preocupes, puedes seguir diciéndolo con amabilidad. A continuación, te doy algunas ideas. Marca las que puedas memorizar para la próxima vez que necesites la frase.

- No, no me va bien.
- Ahora mismo no puedo comprometerme con hacer esto.
- Gracias por la invitación, pero tengo otros planes.
- Gracias por acordarte de mí, pero tengo que decirte que no.
- Tal vez en otra ocasión, pero por ahora la respuesta es no.
- Agradezco la oferta, pero desgraciadamente no estoy disponible.

Y, si lo único que necesitas es darle al botón de pausa, di algo como:

- Déjame que te dé una respuesta más adelante.
- Dame tiempo para pensar en ello y te digo algo más tarde.
- Oh, suena maravilloso, pero es algo que he de pensar más adelante, gracias.

Decir «no» te ayuda a liberarte para hacer lo que quieras y, además, te ayuda a aumentar la confianza en ti mismo, a aliviar el estrés, a reducir la ansiedad y a darle a tu cerebro más espacio para crecer y ser creativo. Despeja tu psique y establece los límites que necesitas para cuidarte.

Hablando de cuidados, ahora quiero que eches un vistazo atrás y analices qué áreas de tu vida te van bien y cuáles sabotean tu misión de optimizar el cerebro en cada uno de los seis pilares.

La alimentación

Alimentos básicos favoritos:____________________

Puntos débiles:____________________

La actividad física (no solo el ejercicio)

Formas preferidas de entrenar:____________________

Puntos débiles:____________________

El descanso (en horario diurno)

Prácticas de relajación favoritas:____________________

Puntos débiles:____________________

Sueño reparador

Ritual favorito para ir a dormir:____________________

Puntos débiles:____________________

El aprendizaje continuo

Nueva actividad preferida: ____________________

Puntos débiles:____________________

Las relaciones sociales

Personas favoritas con las que quedar:____________________

Puntos débiles:____________________

SINCRONIZA TU RITMO CIRCADIANO

Si a pesar de todos tus esfuerzos sientes que tu cuerpo no responde, es posible que tu ritmo circadiano esté desequilibrado. El doctor Satchin Panda es un respetado investigador y científico del Salk Institute for Biological Studies que promueve un par de cosas sobre cómo respetar el reloj fisiológico del cuerpo. Es un firme defensor de la sincronización de nuestros hábitos con nuestro ritmo circadiano particular. Cada uno de nosotros tiene un ritmo circadiano que incluye nuestro ciclo de sueño-vigilia, la subida y bajada de hormonas y las fluctuaciones de la temperatura corporal, todo ello se correlaciona con el día solar. Por así decirlo, las células de tu cuerpo saben qué hora es, y los «horarios» de tus células están presentes en todas las células de todos los órganos, incluido tu cerebro. Y este reloj corporal está controlado por una zona del hipotálamo llamada «núcleo supraquiasmático», que es quien controla tu reloj.

Tu ritmo circadiano se repite aproximadamente cada veinticuatro horas pero, si no va sincronizado con el día solar, nunca llegas a estar al cien por cien —esa es la razón del temido *jet lag*—. Es más, aumenta el riesgo de padecer muchas enfermedades, desde cardiopatías o enfermedades metabólicas hasta demencia o cáncer. Aunque tu ritmo gira principalmente en torno a tus hábitos de sueño, tus otros hábitos —como qué y cuándo comes y cuándo te mueves— también influyen en ello. Un ritmo sano dirige los patrones normales de secreción hormonal y enzimática, desde los asociados a las señales de hambre y la digestión de los alimentos hasta los relacionados con el estrés, la recuperación celular e incluso las sustancias químicas del cerebro.

Todas las estrategias de este libro están diseñadas para ayudarte a restablecer y recalibrar un ritmo irregular, pero si no dan resultado, quizá quieras tomar medidas más enérgicas y recurrir a alguna aplicación que te ayude a realizar un seguimiento del sueño. Hoy en día existen muchas aplicaciones que te ayudan a adaptar tus hábitos a tu salud para que tu ritmo esté ajustado y tu cuerpo rinda al máximo. Experimenta con algunas de ellas.

Aunque todos compartimos unos patrones definidos –por ejemplo, nuestra mayor eficacia cardiovascular y la fuerza muscular alcanzan su punto máximo a última hora de la tarde–, ten en cuenta que el ritmo de cada persona es ligeramente diferente y responde de forma distinta a sus hábitos diarios. A algunas personas, hacer ejercicio a última hora del día les impide disfrutar de un sueño reparador; pero, a otras, una sesión que les haga sudar a última hora del día les favorece el sueño. Conoce tu código circadiano personal y aprovecha el «poder del cuándo» para hacer aquello que has de hacer. Esto te ayudará a optimizar toda tu biología, desde el cerebro hasta el control del azúcar en la sangre y el mantenimiento del equilibrio en los pies. ¡El tiempo todo lo cura! Respeta tu reloj biológico.

El cuerpo humano puede tener pensamientos, tocar el piano, matar gérmenes, eliminar toxinas y dar a luz, entre muchas cosas más. Cuando lo hace, sus ritmos biológicos reflejan la sinfonía del universo, porque tiene ritmos circadianos, ritmos estacionales y ritmos de las mareas que reflejan todo lo que ocurre en el universo.

Michio Kaku, físico teórico

MANTÉN TUS NÚMEROS A RAYA

Como expliqué en la Primera Parte, la prevención e incluso ralentizar la progresión de una enfermedad neurodegenerativa dependerán cada vez más de una medicina de precisión que pueda adaptar las terapias a nuestra fisiología particular. Llegará un día, por ejemplo, en que se podrán seguir los biomarcadores de neurodegeneración en la sangre y utilizar la terapia digital para controlar nuestro riesgo a determinados problemas a lo largo del tiempo mediante un programa en nuestro teléfono inteligente. Hasta que ese tipo de tecnología no esté disponible, es necesario que controlemos nuestras «constantes vitales», tan importantes para la salud en general, muchas de las cuales influyen en el riesgo de disfunciones y de enfermedades cerebrales. Con este fin, te pregunto:

¿Estás al día de análisis de sangre, pruebas de detección del cáncer o revisiones generales con tu médico? Si no es así, concierta una cita y, esta semana, pon en primer lugar tu salud. Si te preocupan tus capacidades cognitivas, coméntaselo a tu médico. Datos de los U.S. Centers for Disease Control and Prevention sugieren que casi el 13 % de los estadounidenses declararon que, después de los sesenta años, había acrecentado su confusión o su pérdida de memoria; sin embargo, la mayoría (el 80 %) no habían consultado a un profesional de la salud sobre sus problemas cognitivos. Esta es una lista de algunos parámetros de los que te conviene estar al tanto y abordar cualquier signo de anomalía:

- Presión arterial.

- Colesterol en ayunas y marcadores de inflamación (por ejemplo, proteína C reactiva).
- Glucemia en ayunas y cribado de la diabetes (por ejemplo, A1C).

Y no olvides estar al día con las vacunas y tu salud ocular, dermatológica y dental (consulta el reto adicional).

Asegúrate también de mantener tu audición bajo control. Según el informe encargado por *Lancet* en 2020 sobre prevención, intervención y atención de la demencia que he mencionado anteriormente, la pérdida de audición aparece ahora en la lista como uno de los principales factores de riesgo de demencia. Una investigación del hospital Johns Hopkins revela que una pérdida leve de audición duplica el riesgo de demencia, la pérdida moderada lo triplica y las personas con una discapacidad auditiva grave tienen cinco veces más probabilidades de desarrollar la demencia.[25] Las razones de esta relación son multifactoriales. La pérdida auditiva acelera la atrofia del cerebro y contribuye al aislamiento social, que a su vez favorece un ritmo más rápido de deterioro cognitivo. Casi veintisiete millones de estadounidenses mayores de cincuenta años padecen pérdida auditiva, pero solo uno de cada siete utiliza audífono. Si crees que tu audición ha disminuido, merece la pena concertar una cita con un audiólogo para hacerte una revisión. La buena noticia es que existen soluciones prácticas, desde audífonos discretos —muchos de los cuales se venden ahora sin receta y a precios más bajos— hasta implantes cocleares que rescatan la capacidad auditiva y protegen al cerebro. No lo dejes para más adelante.

ESCUCHA A TU CUERPO

Tu cuerpo es distinto cada día. Por muy sano y en forma que estés, habrá momentos en los que te sientas mal. El estado general y la funcionalidad de tu cuerpo cambian incluso cada hora. El perfil de tu microbioma será diferente por la tarde, dependiendo de lo que hayas comido por la mañana. Yo algunas veces no puedo correr el último kilómetro o hacer la última piscina en mi rutina de ejercicios. Otras veces, cuando me siento bien, puedo correr un kilómetro más o hacer una piscina más sin ningún problema. No te castigues los días que necesitas reducir el ritmo. Escucha a tu cuerpo, te dirá lo que necesita.

NOTAS DE LA SEMANA 9

Qué me ha resultado útil: ______________________________

____

Qué me ha resultado difícil: ____________________________

____

En qué puedo mejorar: _________________________________

____

En tres palabras, cómo me siento: ______________________

____

Reto adicional: Esta semana, utiliza el hilo dental dos veces al día si aún no lo haces. La salud dental está mucho más relacionada con la salud cerebral de lo que imaginas. Cuando hablé con el doctor Gary Small, psiquiatra de renombre internacional experto en envejecimiento, antiguo director fundador de la UCLA Longevity Clinic y actual catedrático de psiquiatría del Hackensack University Medical Center de Nueva Jersey, me recalcó la importancia de limpiar los restos que quedan entre los dientes. Usar hilo dental y cepillarse los dientes dos veces al día elimina los restos de comida y la acumulación de bacterias que, en última instancia, pueden provocar enfermedades de las encías y aumentar el riesgo de ictus. ¿Y qué relación tiene esto con el cerebro? La enfermedad de las encías conlleva inflamación. La periodontitis es una infección de las encías, el tejido blando de la base de los dientes y del hueso de soporte. Al erosionarse la barrera natural entre el diente y la encía, las bacterias de la infección entran en el torrente sanguíneo. Estas bacterias pueden aumentar la acumulación de placa en las arterias, lo que puede provocar coágulos. De ahí que el uso del hilo dental sea un hábito beneficioso para el cerebro.

NOTA ESPECIAL PARA PACIENTES DE COVID PERSISTENTE

No traté la COVID-19 en *El cerebro en forma* porque la pandemia empezó después de enviar el libro a imprenta. Pero todos sabemos que esta infección ha provocado, en los millones de personas que la han sobrevivido, consecuencias a corto y a largo plazo, muchas de las cuales los científicos siguen intentando entender. Los síntomas persistentes, como la nebulosidad cerebral, no son exclusivos de la COVID. Se han documentado en la literatura médica desde 1889 en relación con la gripe. Y, hoy en día, las personas que han sido infectadas por otros gérmenes, como los que causan la enfermedad de Lyme o la mononucleosis, también pueden sufrir efectos persistentes que afectan a muchos sistemas del organismo, incluidos el sistema inmunitario y el nervioso. Y esos efectos pueden llegar a definir la vida de una persona.

Están apareciendo programas de recuperación de síntomas persistentes por todo el país y en lugares como el hospital Mount Sinai de Nueva York, donde se ha creado una clínica post COVID. Cuando Diana Berrent puso en marcha Survivor Corps en la primavera de 2020 para ayudar a movilizar y recopilar datos y herramientas de investigación tanto para pacientes como para médicos, no esperaba que el número de seguidores creciera tan rápido. Pero es un testimonio del problema y de la necesidad cada vez mayor de encontrar respuestas y tratamientos. Berrent fue una de las primeras personas en contraer la COVID en Nueva York, en marzo de 2020. Tuvo síntomas de larga duración durante meses después de dar negativo en las pruebas del virus, síntomas que iban desde dolores de cabeza y problemas estomacales hasta glaucoma, lo que aumentó su riesgo de ceguera. Su hijo preadolescente también contrajo el virus y seguía teniendo síntomas nueve meses después.

Muchas de las personas que desarrollaron COVID persistente no tuvieron una experiencia particularmente severa con el virus cuando se infectaron inicialmente y la mayoría de los supervivientes no encajan en el perfil estereotipado de personas que creemos que pueden tener una mala evolución de la enfermedad. Son jóvenes. Están en forma. Son estrellas del deporte en su instituto, adultos en la flor de la vida sin problemas de salud previos ni enfermedades preexistentes, deportistas profesionales, militares de operaciones especiales o los propios médicos. No pueden entender la montaña rusa de reacciones de su cuerpo a la COVID. Aunque las mujeres parecen tener más riesgo de sufrir COVID de larga duración, no podemos descartar a los casos atípicos que forman parte de este análisis y cuya experiencia enriquecerá nuestros conocimientos y nuestra biblioteca de medicina contra el COVID.

Mi consejo para cualquiera que sufra COVID persistente es que busque la clínica post COVID más cercana. Estas clínicas reúnen a especialistas de todos los ámbitos: neumología, cardiología y neurología. Conviértelo en un «asunto de familia» en el entorno médico y en casa. Se necesita un enfoque de grupo multidisciplinar para cubrir el abanico de síndromes. Survivor Corps (SurvivorCorps.com) es un gran portal de recursos, aunque no vivas cerca de Nueva York. Es fácil navegar por esa página, en la que hay seminarios web en directo, un calendario de eventos y una biblioteca de información útil. Cabe destacar que muchos pacientes de COVID persistente han encontrado alivio mediante la vacunación, lo cual es una gran noticia y otra razón para vacunarse y estar al tanto de las vacunas de refuerzo en el futuro. Si eres un superviviente de COVID que aún sufre, durante esta semana aborda tal reto único y conviértete en parte de la solución, conectándote con las iniciativas de investigación médica y científica. Tu cerebro y todo tu cuerpo te lo agradecerán.

SÉ REALISTA Y ELABORA UN PLAN

A estas alturas de tu recorrido, ya habrás combinado distintas estrategias para poner en práctica los seis pilares. Quizá parezca que esta semana nos desviamos del camino, pero espero que sigas poniendo en práctica los hábitos recién adquiridos mientras te enfrentas a la principal tarea de estos días: poner tus asuntos en orden. Nadie puede prometer una vida con una salud cerebral de hierro, así que es útil estar lo más preparado posible para lo que pueda pasar. Cada uno de nosotros conocerá en algún momento a alguien que vive con una u otra forma de demencia, ya sea un familiar, un amigo o nosotros mismos. Es probable que un diagnóstico de este tipo sea el más devastador que esa persona haya recibido jamás. Como por desgracia ya sabemos, no existe un tratamiento que garantice la curación de la demencia, y no es una enfermedad fácilmente tratable. Su diagnóstico puede tener un efecto demoledor en la familia, porque conlleva profundos costes emocionales, económicos y físicos para el paciente y sus cuidadores. Pero un diagnóstico no tiene por qué ser un callejón sin salida. Tras recibirlo, muchas personas pueden encontrar un nuevo propósito y ganas de vivir, aunque vean su futuro con grandes incertidumbres. No obstante, la clave para hacer frente a estas incógnitas e incertidumbres es planificar con suficiente antelación y estar lo más preparado posible mientras conservas tus facultades.

Lo sé, hablar sobre diagnósticos nefastos y sobre la muerte no es el tipo de conversaciones que nos gusta tener. Pero es necesario si queremos estar preparados para los acontecimientos desafortunados que puedan ocurrir —y ocurrirán—. ¿Tienes el testamento hecho? ¿Un fideicomiso? ¿Una idea de cómo te gustaría que se ocuparan de ti en caso de recibir un diagnóstico fatal? ¿Quién se ocupará de tu salud y tu bienestar? ¿Qué pasará contigo si enfermas o quedas discapacitado?

Si aún no te has ocupado de ello, no eres el único: la mayoría de las personas no tienen un plan legal de sucesión que incluya instrucciones claras en caso de circunstancias difíciles o de tener que tomar decisiones respecto al final de la vida. Pero es algo necesario, sobre todo si hablamos de alguien con deterioro cerebral. Los seis pilares que has empezado a seguir mediante diversas estrategias contribuyen a tu «patrimonio cerebral», pero también debes pensar en algún tipo de fideicomiso legal para proteger a tu familia. Debes pensar en ello independientemente de cualquier posible dolencia cerebral en el futuro, pero se convierte en algo esencial cuando aparece un diagnóstico específico.

Las enfermedades neurodegenerativas causan numerosas víctimas. No solo sufre el paciente, sino todos los que le rodean, desde los familiares y amigos hasta los cuidadores. Además del coste en tiempo y dinero, la enfermedad es emocional y físicamente agotadora. El estrés que esta enfermedad supone para la familia puede ser tan agobiante que los cuidadores se convierten en unos «segundos pacientes invisibles», con un mayor riesgo de deterioro, depresión y enfermedades cerebrales. Los cuidadores de cónyuges con demencia tienen hasta seis veces más probabilidades de desarrollar demencia que las personas de la población general.[26] Y la inflamación crónica que acompaña a la ansiedad y la tensión del cuidado de otras personas aumenta el riesgo de padecer todas las enfermedades degenerativas que conocemos hoy en día, desde cardiopatías hasta cáncer.

Evidentemente, el objetivo de este libro es evitar un destino fatídico, y las enfermedades neurodegenerativas no siempre son inevitables. Pero también debemos ser realistas sobre la posibilidad de que llegue un diagnóstico a nuestra familia y prepararnos con mucha antelación para el peor de los casos. Si te ocupas de tu testamento y tu fideicomiso —poniendo tus asuntos en orden ahora— podrás minimizar los temores, disipar las preocupaciones y las pesadumbres futuras y, en última instancia, centrarte en los pasos necesarios para gestionar tu propia salud cerebral.

Cualquier persona con cerebro tiene que pensar en la posibilidad del alzhéimer.

Maria Shriver

Esta semana tendrás que hacer un inventario de los documentos legales de tu familia: testamentos, voluntades médicas y fideicomisos como mínimo, pero puede que también quieras preparar otros documentos, como seguros de vida y pólizas de cuidados de larga duración. Habla con tus familiares y hazles partícipes del proceso. Pueden ser conversaciones duras e incómodas, pero harán que tanto tú como tus seres queridos os sintáis fortalecidos y unidos. Para empezar, si no dispones de ninguno de estos documentos tan importantes, un abogado de familia o especializado en herencias puede ayudarte a redactarlos y ejecutarlos. Incluyen cosas como un poder notarial —designar quién puede tomar decisiones financieras y de otro tipo cuando tú ya no seas capaz— o un poder de asistencia sanitaria —designar quién puede tomar decisiones sobre tu atención médica cuando tú ya no seas capaz—. Estos documentos suelen ser largos y detallados porque especifican algunas de las decisiones más prácticas y difíciles sobre, por ejemplo, centros asistenciales, tipos de tratamiento, decisiones sobre el final de la vida —entre otras, ¿querrás una sonda nasogástrica?— o directrices de no reanimación. Sin unas instrucciones claras, a menudo se realizan de forma rutinaria intervenciones médicas costosas, aunque sean inútiles para prolongar la vida. A modo de aclaración, la mayoría de los testamentos y fideicomisos estándar detallan cómo uno desea que se distribuyan sus bienes tras su fallecimiento. Las voluntades médicas o anticipadas y los testamentos *vitales* describen cómo se deben tomar las decisiones médicas del final de tu vida según tus deseos.

LISTA DE VERIFICACIÓN DE DOCUMENTOS IMPORTANTES QUE DEBES TENER

- [ ] Un testamento vital o tus voluntades médicas.
- [ ] Un poder notarial para la atención médica (nombrar a la persona que quieres que tome las decisiones médicas por ti).
- [ ] Un poder notarial (nombrar a la persona que quieres que tome las decisiones legales y financieras).
- [ ] Un testamento estándar.
- [ ] Un fideicomiso.

Nota: Un fideicomiso en vida reúne tus bienes en una sola entidad, el fideicomiso, para que tu familia pueda evitar el largo y a menudo costoso proceso de sucesión que utilizan los tribunales para distribuir tus bienes tras tu fallecimiento. Los fideicomisos en vida y los testamentos suelen redactarse juntos.

También conviene organizar los bienes, las deudas, las pólizas de seguro y las prestaciones existentes, como la jubilación o la seguridad social. La hoja de trabajo de los documentos financieros y legales de la página web de la Alzheimer's Association puede ayudarte en tu inventario, así como los recursos proporcionados por la página web Advanced Care Planning de los National Institutes of Health (más información al final). Dos libros que también te serán útiles: *Checklist for my family: A guide to my history, financial plans, and final wishes* (de la AARP y la American Bar Association); y *The other talk: A guide to talking with your adult children about the rest of your life* (de la AARP y McGraw Hill).

Si esta parte de la planificación te resulta abrumadora o incómoda, o si tienes que lidiar con un patrimonio familiar complicado, es útil contar con un asesor financiero o jurídico autorizado y certificado que te sirva de guía. Asegúrate de elegir a esa persona de forma meticulosa, preferiblemente a alguien que ya haya ayudado a muchas familias a planificar el cuidado de ancianos y la atención de larga duración.

No me canso de repetirlo: no esperes al diagnóstico para hacer planes de futuro. Empieza hoy mismo. Nunca se es demasiado joven ni demasiado viejo para poner los asuntos en orden. Crea tu red de apoyo, pide ayuda, acéptala y planifica continuamente el futuro, adaptando los planes según sea necesario y aceptando la incertidumbre.

PASOS PARA PONER TUS ASUNTOS EN ORDEN

La siguiente lista de comprobación es una adaptación de los recursos proporcionados por el National Institute on Aging. Te recomiendo que visites diferentes páginas en internet donde encontrarás herramientas e información útiles que puedes descargar e imprimir (el enlace figura en el reto adicional). La página también aclara muchos consejos confusos y ofrece muchas respuestas a preguntas frecuentes.

- Guarda tus papeles importantes y copias de documentos legales en un mismo lugar. Puedes crear un archivo, guardarlo todo en un cajón de tu escritorio o de tu cómoda o hacer una lista con la información y la ubicación de los papeles en una libreta. Si tus papeles están en una caja de seguridad bancaria, guarda copias en un archivo en casa. Guarda archivos digitales si puedes o haz fotos de las páginas clave que puedas conservar en un ordenador. Comprueba cada año si hay algo nuevo que añadir o si quieres hacer algún cambio. Las circunstancias y dinámicas familiares cambian a lo largo de los años y te conviene mantenerlo todo actualizado.
- Explícale a un familiar o amigo de confianza dónde guardas todos tus papeles importantes. No es necesario que a este amigo o familiar le cuentes tus asuntos personales, pero alguien debe saber dónde

guardas tus papeles en caso de emergencia. Si no tienes a nadie de confianza, solicita el servicio de un abogado. Si en tu hogar eres la principal fuente de ingresos, que maneja y paga las facturas, es conveniente que alguien de confianza sepa dónde y cómo se pagan las facturas, por si repentinamente te quedaras incapacitado o no pudieras encargarte tú de ello.

- Comenta con tus familiares y tu médico cuáles son preferencias para el final de tu vida. Un profesional podrá explicarte qué decisiones médicas tendrás que tomar en el futuro y qué opciones de tratamiento existen. Hablar con el médico puede resultarte muy útil para que se cumplan tus deseos. Explicarle tus decisiones de planificación anticipada de cuidados es gratuito a través de Medicare durante tu revisión anual. Los seguros médicos privados también pueden cubrir estas conversaciones.
- Autoriza de antemano a tu médico o tu abogado para que puedan hablar con tu cuidador. Quien tenga que encargarse de ello puede tener dudas sobre tus cuidados, sobre una factura o una reclamación al seguro médico. Sin tu consentimiento, puede que a tu cuidador no se le permita acceder a la información necesaria. Puedes autorizarle como representante ante Medicare, las compañías de tarjetas de crédito, tu banco y tu médico. Es posible que tengas que firmar y enviar un formulario.

NOTAS DE LA SEMANA 10

Qué me ha resultado útil: ____________________

____

Qué me ha resultado difícil: ____________________

____

En qué puedo mejorar: ____________________

____

En tres palabras, cómo me siento: ____________________

____

Reto adicional: Visita la página web Advanced Care Planning de los National Institutes of Health (n9.cl/ggrjl) y consulta sus recursos, que incluyen extensas listas de papeles importantes, registros personales y documentos legales que es conveniente tenerlos disponibles. La página también incluye una lista de recursos adicionales contrastados, como enlaces y números de teléfono de organizaciones que pueden ayudarte a completar este proceso. No te dejes intimidar por esta misión. Puede resultar algo abrumadora, pero también te empoderará.

AUTOEVALÚATE

Gracias a la experiencia avanzamos, y todos estamos en un proceso constante de aprendizaje y crecimiento. Pero cada día nos brinda nuevas posibilidades y promesas para un mañana mejor. Esta semana, usa los temas que te propongo más abajo para pensar qué costumbres querrías mantener y cuáles te gustaría corregir para obtener un funcionamiento cerebral óptimo. Es posible que las respuestas a algunas de las preguntas se solapen. No pasa nada. Piensa detenidamente tus respuestas y no te alarmes si algunas te sorprenden. Una vez al día, anota las sugerencias que te vengan a la cabeza. Si tienes la sensación de que las palabras no reflejan bien tus pensamientos, prueba con dibujos, imágenes, fotografías o cualquier cosa que te ayude a plasmar la mejor respuesta posible a estas preguntas cruciales.

Aunque parezca que las preguntas no están directamente relacionadas con tu salud cerebral, forman parte de una visión de conjunto, mucho más amplia, que abarca tu bienestar mental. Algunas de tus respuestas pueden revelarte nuevos hábitos que te ayudarán a mantener el cerebro en forma. Presta atención a tus respuestas y comprueba si te indican otras estrategias que podrías utilizar para mejorar tu salud mental. Este ejercicio es una suerte de autoevaluación que puede darte pistas sobre cómo adaptar este programa a tus necesidades particulares.

Mis experiencias y recuerdos vitales favoritos hasta ahora:

____

____

Cosas que me gustaría olvidar:

____

____

Cosas que me duelen:

____

____

Lo que más valoro:

____

____

Lo que me gustaría lograr en el futuro:

____

____

Momentos en los que he superado una adversidad:

____

____

Mis canciones favoritas de todos los tiempos:

____

____

Recetas o platos preferidos:

____

____

Lo que me encanta de mi vida:

____

____

Lo que me gustaría cambiar en mi vida:

____

____

Lugares a los que me gustaría viajar y conocer:

____

____

Nuevas aficiones que me gustaría probar:

____

____

Cómo definiría una vida espléndida:

____

____

Dónde o cómo me veo a mí mismo dentro de un año:

____

____

Dónde o cómo me veo a mí mismo dentro de cinco años:

____

____

Dónde o cómo me veo a mí mismo dentro de diez años:

____

____

Formas de tener más tiempo para mí:

____

____

Cuando una puerta se cierra, otra se abre, pero miramos tantas veces la puerta cerrada, durante tanto tiempo y con tanto pesar, que no vemos las que se abren ante nosotros.

Alexander Graham Bell

Mientras realices este ejercicio, presta mucha atención a tu diálogo interno. Cuando hablas de tus deseos y tus sueños, ¿transmites una perspectiva positiva y optimista? ¿O te castigas con un discurso pesimista y cargado de dudas? ¿Crees que tu pasado pesa más que la ilusión por el futuro? Las personas que mantienen el cerebro en forma toda la vida son las que, a pesar de las dificultades, los contratiempos y las decepciones, siempre ven el vaso medio lleno. Miran al futuro con determinación y no dedican demasiado tiempo a reflexionar sobre los errores y fracasos del pasado. Trabajan en su felicidad y asumen plenamente el control de sus vidas. ¿Qué significa para ti ser dueño de tu vida (y de tu cerebro)? Escríbelo o dibújalo en la página siguiente:

Una actitud positiva contribuirá en gran medida a proteger tu cerebro. Una buena frase tiene la capacidad de concentrar nuestros pensamientos en torno a un mensaje particular y comunicarlo a otras personas. A continuación, te propongo tres sencillos mantras que siempre me repito y una serie de afirmaciones que tal vez quieras usar:

Haz menos cosas, pero mejor.

Esto lo aprendí de uno de mis primeros jefes en el mundo de los medios de comunicación. Se refería a esa tendencia que tienen muchas personas de intentar incluir todos los aspectos de una historia en una pieza televisiva; algo que, involuntariamente, abruma al espectador. Me animó darme cuenta de que, en una pieza corta de apenas unos minutos, la mayoría de la gente solo capta unos cuantos conceptos. Me enseñó la importancia de explicar bien esos conceptos, en lugar de intentar meter hasta el último dato. También pienso en esta frase cuando afronto otras áreas de mi vida. Claro que nos encantaría poder abarcarlo todo; pero, a veces, hay un placer enorme en poder hacer menos cosas de una forma más minuciosa, completa y, sí, mejor.

Te hubiera escrito una carta más corta, pero no tenía tiempo.

(atribuida al filósofo y matemático francés Blaise Pascal)

En línea con la frase anterior, esta me recuerda dos cuestiones importantes. La brevedad importa cuando queremos transmitir mensajes importantes. Y elaborar un mensaje conciso suele llevar más tiempo y trabajo que escribir uno más largo. Oblígate a pensar, a priorizar y a ser cuidadoso con el lenguaje, haciendo que cada palabra cuente.

Haz algo que temas hacer (cada día).

A estas alturas, ya sabes que esta frase significa mucho para mí. Y espero que hayas disfrutado de muchos momentos «aterradores» durante la Semana 8. ¿Te has acostumbrado y has salido de tu zona de confort al menos una vez al día? Ten presente este mantra y busca estrategias para cumplirlo. Un poco de incomodidad forma parte de aprender cosas nuevas y crear reservas cognitivas en el proceso.

Estas son algunas afirmaciones divertidas que puedes tener presentes:

¡Yo me encargo!

Soy una persona capaz y valiosa.

El mundo necesita mi don y mi talento.

Soy una persona querida.

Todo irá bien.

Confío en mí.

Soy resiliente.

Todo es posible.

Soy inteligente, amable y alegre.

Tengo una vida hermosa.

La actitud lo es todo.

Lo mejor está por llegar.

Mis mantras, afirmaciones o citas personales favoritas:

____

____

____

____

NOTAS DE LA SEMANA 11

Qué me ha resultado útil: ______________________________

____

Qué me ha resultado difícil: ____________________________

____

En qué puedo mejorar: _________________________________

____

En tres palabras, cómo me siento: ______________________

____

Reto adicional: Elige una frase o un mantra que te motive, que establezca tus prioridades o reduzca tu nivel de estrés. Escríbela y enmárcala para tenerla en tu escritorio o en un sitio donde puedas verla durante el día. ¡Si no, simplemente anótala en un papel y pégala con cinta adhesiva!

DESECHA, RECICLA Y REPITE

¿Te lo puedes creer? Ya estás en la última semana. Ha llegado el momento de hacer inventario de los cambios que has emprendido en las últimas semanas y preguntarte: ¿Qué ha funcionado? ¿Qué no ha funcionado? ¿Qué puedo mejorar? ¿Cómo puedo llevar al siguiente nivel lo que acabo de hacer?

Desecha los hábitos que ya no quieras mantener, recicla los que contribuirán al éxito de tu cerebro, y repite este programa una y otra vez. Márcate unos hábitos innegociables con los que te comprometas con regularidad, como comer según el plan S.H.A.R.P., hacer ejercicio físico cada día y acostarte a la misma hora cada noche.

Usa esta semana para planificar. Tienes toda una vida por delante, y quieres moverte con un cerebro en forma. Acuérdate de ser flexible, pero constante. Cuando te desvíes momentáneamente del programa, no te juzgues, simplemente retoma el camino. Busca objetivos que te motiven y escríbelos. Puede ser cualquier cosa, desde enseñar una habilidad que has desarrollado en tu vida hasta organizar un viaje de ecoturismo con tu familia. Las personas que deciden centrarse en su salud suelen hacerlo por motivos concretos, como «quiero ser más productivo y tener más energía», «quiero vivir más tiempo sin enfermedades ni discapacidades» o «no quiero morir igual que mi madre o mi padre». Ten siempre presente la visión de conjunto. Esto no solo te ayudará a mantener un estilo de vida saludable, sino también a reconducirte si tienes algún desliz ocasional.

LA REGLA DECISORIA

Cuando te encuentres en una encrucijada a la hora de tomar decisiones —sobre todo, si son importantes y pueden afectar a tu futuro— prueba a guiarte por «la regla decisoria». Me refiero a lo siguiente: imagina que eres una persona mayor sentada en una mecedora. La mayor parte de tu vida ha quedado atrás y tienes una rica biblioteca de recuerdos en tu cerebro que puedes rememorar y volver a disfrutar. Esos recuerdos son como escenas de películas en las que te deleitas mientras llegas lentamente al final de tu vida con tranquilidad y dignidad. Cuando intentes decidir qué hacer o qué no hacer hoy, pregúntate: ¿Es un recuerdo que querré tener cuando sea viejo y me regodee en el fulgor de mi historia? Esta pregunta es todo lo que necesitas para saber si debes decir «no» o «adelante».

BREVE AUTOEVALUACIÓN

Llegados a este punto, te animo a que te hagas las siguientes preguntas:

- [ ] ¿Estoy siguiendo el protocolo nutricional S. H. A. R. P. siempre que me es posible?
- [ ] ¿Hago al menos treinta minutos de ejercicio o movimiento enérgico como mínimo cinco días a la semana e incluyo entrenamiento de fuerza o de resistencia al menos dos días a la semana? ¿Trabajo también la flexibilidad, la coordinación y el equilibrio?
- [ ] ¿Estoy gestionando mejor el estrés y me siento más resiliente?
- [ ] ¿Consigo un sueño más reparador de forma regular?
- [ ] ¿Voy aprendiendo cosas nuevas que supongan un desafío para mi mente y me exijan desarrollar distintas habilidades? ¿Estoy haciendo algo que «tema hacer» cada día?
- [ ] ¿Me pongo en contacto con mis amigos y mi familia asiduamente a la vez que amplío mi entorno de amistades?

Si no puedes responder afirmativamente a estas preguntas, analiza si puedes hacer cambios en tu estilo de vida. ¿Qué obstáculos te lo impiden? ¿Cómo puedes superarlos? Escribe algunos aquí con sus posibles soluciones:

____

____

____

____

____

____

Si sigues sin obtener resultados, quizá haya llegado el momento de buscar ayuda externa. Por ejemplo, si sigues teniendo problemas para dormir, consulta a tu médico sobre la posibilidad de que te hagan un estudio del sueño y asegúrate de que los medicamentos que tomas no interfieren en tu progreso. Si tienes un problema de estrés crónico o si crees que puedes tener síntomas de depresión, acude a un psiquiatra o terapeuta cualificado.

Nuestro entorno es más importante para adoptar hábitos que cualquier otra cosa, incluso más que la genética. Así que préstale atención. Cuando hablamos de deterioro y enfermedades cerebrales —incluido el alzhéimer—, es posible que jamás contemos con una cura milagrosa o una panacea preventiva a partir de fármacos. Sin embargo, lo que salvará a muchos de nuestros cerebros de la enfermedad será centrarnos en la prevención, aprovechando lo que podamos controlar de nuestro entorno para favorecer una mejor salud cerebral. Echa un vistazo a tu alrededor y a los lugares en los que pasas más tiempo. ¿Son propicios para llevar una vida sana?

Si aún no has probado a llevar un diario de agradecimiento o si dejaste de anotar tus momentos y logros por los que estás agradecido como hiciste durante la Semana 6, retoma ese ejercicio. Cada mañana, dedica cinco minutos a hacer una lista de al menos cinco personas o situaciones por las que te sientas agradecido. Si el tiempo lo permite, hazlo en el exterior, con aire fresco y bajo la luz del sol matutino. Si repites cosas de tu lista anterior, no pasa nada. Piensa en cosas que te hayan ocurrido el día anterior que puedas añadir a la lista. Pueden ser cosas tan simples como estar agradecido por haberte sentido bien y haber logrado todos los objetivos del día.

Y, como ejercicio final, escríbele una carta manuscrita al ser querido más joven de la familia, explicándole algo que hayas aprendido en la vida y que puedas transmitir como una lección importante. Redacta tu carta en la página siguiente y crea una versión final en un papel bonito para entregársela.

UNOS ÚLTIMOS CONSEJOS

Tras la primera publicación de *El cerebro en forma*, me sorprendió la cantidad de gente que realmente disfrutaba con mi trabajo; especialmente, personas que no me lo esperaba: dada su corta edad, daba por hecho que no pensaban todavía en la futura salud de su cerebro. Pero, entre las generaciones más jóvenes, se está produciendo un cambio y están poniendo más empeño en optimizar sus vidas e involucrarse en actividades que preservarán su función cerebral. A veces, nos basta con tener un familiar enfermo o un roce personal con la muerte para motivarnos a cambiar. Para mi sorpresa, también tuve noticias de algunos apreciados mentores que me habían ayudado a formarme como médico y neurocirujano hace unas cuantas décadas y que ahora estaban lidiando con amigos o familiares que sufrían deterioro cognitivo. Es profundamente aleccionador saber que puedo llegar a un espectro tan amplio de personas e intentar fomentar un cambio positivo en su vida. Ojalá esta misión tenga continuidad. Espero que te unas a mí en esta misión, aprovechando al máximo el potencial de tu cerebro y animando a otros a seguir tu ejemplo.

Vale la pena volver a contar una historia que ya expliqué en *El cerebro en forma*. Cuando mi padre tenía tan solo cuarenta y siete años, sintió un fortísimo dolor de pecho mientras daba un paseo. Recuerdo la llamada aterrada que recibí de mi madre y la voz del operador del teléfono de emergencias con quien hablé segundos después. Unas horas más tarde, mi padre se sometió a una operación de urgencias para hacerle un baipás de cuatro vasos en el corazón. Fue una experiencia aterradora para nuestra familia y nos preocupaba que no sobreviviera. Por aquel entonces, yo era un joven estudiante de medicina —no dormía lo suficiente y probablemente comía demasiados tentempiés azucarados—. Como te puedes imaginar, estaba convencido de que, de algún modo, le había fallado. Después de todo, debería haber visto las señales de alarma, haberle aconsejado sobre su salud y haberle ayudado a evitar las enfermedades coronarias. Afortunadamente, sobrevivió y ese acontecimiento cambió por completo su vida. Perdió catorce kilos, empezó a prestar atención a su alimentación y convirtió la actividad física regular en una prioridad. Su recuperación me impresionó y prometí ocuparme de estas cosas en mi propia vida antes de que se convirtieran en una cuestión imperativa. Ahora que he superado esa edad y tengo a mis hijos, para mí es importantísimo aprender no solo cómo prevenir las enfermedades, sino evaluarme continuamente para asegurarme de que estoy rindiendo al máximo de mis capacidades.

Mi padre trabajó durante treinta y cinco años en la industria del automóvil junto a mi madre, que resultó ser la primera mujer contratada como ingeniera por la

Ford Motor Company. Por lo que no es de extrañar que a toda mi familia le encanten las analogías automovilísticas. Durante mi infancia, todos trasteábamos con el coche familiar los fines de semana. Nuestro garaje estaba lleno de cajas de herramientas y de comentarios sobre cómo el cuerpo humano no era muy diferente del Ford LTD que estábamos reconstruyendo. Ambos tenían motores, bombas y combustible como soporte vital. Recientemente he reflexionado sobre ello y creo que aquellas conversaciones contribuyeron a mi interés por el cerebro, porque era una parte del cuerpo que no podía compararse mecánicamente con un coche. A fin de cuentas, en un coche no hay asiento de conciencia, por muy mullido que sea el cuero. Aun así, me resulta casi imposible mirar el cerebro y no pensar en su puesta a punto y su mantenimiento. ¿Es necesario cambiar el aceite? ¿Recibe el combustible adecuado? ¿Va demasiado revolucionado o es conducido sin parar para su mantenimiento? ¿Hay grietas en el parabrisas o en el chasis? ¿Tienen todos los neumáticos suficiente presión de aire? ¿Se calienta y enfría correctamente? ¿Responde el motor adecuadamente cuando aprietas el acelerador? ¿Funciona bien el freno? Creo que entiendes de qué te estoy hablando.

Hace poco tuve una larga conversación con mis padres sobre los coches y el tráfico. Les hablé de una entrevista que le había hecho al Dr. Dwight Hennessy, un psicólogo especializado en tráfico, y a Kayla Chávez, una camionera de larga distancia que se pasa el día conduciendo sin parar por todo el país. Fue una sección apasionante para mi pódcast. En primer lugar, ¿quién sabía que había personas llamadas «psicólogos del tráfico» que aplican principios psicológicos a situaciones relacionadas con el tráfico? Me fascinó que poca gente —incluido yo mismo— se detuviera a pensar en lo mucho que nos afecta en la vida el simple pero complejo acto de conducir un coche. La mayoría de la gente conduce todos los días. Así es como nos movemos, nos reunimos con otras personas, llegamos al trabajo y a casa, recogemos los artículos que necesitamos para nuestra supervivencia, etc. Llevamos a cabo las maniobras al volante con determinadas actitudes, expectativas, rasgos personales y quizá frustraciones. Para algunos, conducir es la parte más estresante del día, mientras que para otros es un momento tranquilo de reflexión y relajación. Conducir tiene un impacto fisiológico en nosotros. Nuestro ritmo cardíaco, nuestra presión arterial y nuestra respiración cambian. Incluso puede cambiar nuestro estado de ánimo y nuestra cognición. Por ejemplo, una situación incómoda mientras conducimos puede hacer que prestemos menos atención a la carretera, volvernos más ansiosos y enfadados y que lleguemos a nuestro destino con menos capacidad de trabajar con eficacia, de colaborar con los demás y, en general, de disfrutar de los placeres del día.

Conducir es uno de los actos más peligrosos que hacemos. Por la misma razón, es uno de los más estimulantes para nuestro cerebro. En la carretera tenemos que barajar y coordinar muchas cosas. Hay que tomar muchas decisiones en fracciones de segundo, algunas de vida o muerte. Y, sin embargo, ¡muchas veces, mientras conducimos, llevamos en mente otras preocupaciones! Kayla, la camionera, me contó que prefiere pasar los primeros treinta minutos de su trayecto en silencio. No pone música ni emisoras de radio, y se limita a mirar hacia delante y asimilar lo que ve, la belleza natural que la rodea. Me dio la impresión de que disfruta tanto observando ricos paisajes como vallas publicitarias y tierras yermas.

La razón por la que hablo de todo esto es para demostrar hasta qué punto conducir se parece a la vida misma y al camino para tener un cerebro en forma. Todos vamos en el asiento del conductor. Puedes conducir tu coche con la actitud y la personalidad que quieras: paciente y curioso o agresivo y enfadado. Puedes elegir qué camino tomar, cómo responder a los demás y cómo pasar el tiempo mientras te desplazas del punto A al punto B. También puedes elegir qué tipo de coche quieres conducir, cómo cuidarlo y qué estilo de conducción le darás. No voy a aburrirte con más analogías automovilísticas, pero te dejo unas últimas preguntas.

¿Hacia dónde te lleva tu carretera hoy? ¿Estás cuidando tu cuerpo (el vehículo que te transporta)? ¿Cuál quieres que sea el destino final de tu cerebro? ¿Estás dispuesto a dar los pasos necesarios para tener un viaje seguro y llegar en buenas condiciones? Puedes dibujar el mapa, crear las carreteras y elegir la forma de conducir que prefieras para llegar hasta allí. Mi esperanza es que te lo pases bien. Disfruta del paisaje. Y que sea tu propio camino, menos transitado, el que te llene más que cualquier otra cosa en la vida.

AGRADECIMIENTOS

Los científicos que cada mañana se levantan con la convicción de que las enfermedades no vienen predeterminadas, que la pérdida de memoria no tiene por qué acompañar al envejecimiento y que todo el mundo puede hacer que su cerebro funcione mejor, me inspiraron para escribir este libro. A lo largo de casi dos décadas, he hablado con estos científicos en grandes congresos sobre el cerebro, en sus laboratorios y en sus casas. Compartieron conmigo sus descubrimientos científicos, pero también su razones personales por las que eligieron estudiar el cerebro humano. Me convencieron no solo de que algún día enfermedades como la demencia serán cosa del pasado, sino de que incluso un cerebro sano puede mejorar y ser más resiliente. Gracias por vuestra franqueza y vuestra disposición a ayudarme a recoger parte de los conocimientos recientes más destacables sobre el cerebro y hacerlos relevantes para cualquier persona, en cualquier lugar.

Priscilla Painton: tienes el cargo de editora ejecutiva, pero este título no describe ni de lejos el papel que desempeñaste en el proyecto original de *El cerebro en forma*, que luego ampliamos con este libro de ejercicios gracias a tu brillante idea. Tuviste una visión clara desde el principio y tu colaboración superó de largo mis expectativas. Tus comentarios y tus notas, siempre acertadas, han sido aportaciones muy valiosas. Tienes la capacidad de ver lo que hay detrás de la esquina y de anticipar la dirección que tomará un libro. He tenido la suerte de contar con un equipo muy dedicado y profesional ayudándome con este proyecto, cuya hábil dirección editorial ha corrido a cargo de Hana Park y su equipo: Julia Prosser, Elizabeth Herman, Yvette Grant, Jackie Seow, Marie Florio, Elizabeth Venere, Matthew Monahan y Amanda Mulholland. Gracias a todos.

Jonathan Karp, eres la definición de un caballero y un erudito. Tras la primera reunión en tu despacho, en la que hablamos de todo —desde células madre hasta Springsteen— supe que estaba tratando con alguien realmente comprometido con el mundo. Gracias por creer en mí y en todo el proyecto de *El cerebro en forma*. Bob Barnett es un abogado mundialmente reconocido. Ha representado a presidentes y al Papa. Sin embargo, nunca lo dirías. Es increíblemente humilde y trabajador. Uno de los mejores días de mi vida fue el día en que Bob Barnett aceptó ayudarme en mi carrera. Su orientación ha sido extraordinariamente clarividente y perspicaz.

La colaboración con mi socia y amiga Kristin Loberg ha sido realmente especial. Todos deberíamos tener la suerte de poder conectar mentalmente con alguien como Kristin, que enseguida entendió lo que yo quería transmitir y siempre me ayudó a conseguirlo. Es la mejor en lo que hace y, sencillamente, este libro no habría sido posible sin ella.

REFERENCIAS

A continuación, encontrarás una lista seleccionada de las citas que acompañan a los estudios concretos que he mencionado en este libro. Recuerda además que *El cerebro en forma* también tiene sus notas. En cuanto a las afirmaciones generales, confío en que tú mismo podrás encontrar en internet fuentes y evidencias científicas con solo pulsar algunas teclas, dando por hecho que visitas páginas de prestigio que publican información creíble, contrastada y revisada por expertos. Esto es especialmente importante cuando hablamos de salud y de medicina. Entre los motores de búsqueda de revistas médicas de prestigio que no requieren suscribirse, muchos de los cuales aparecen en las notas, figuran: pubmed.org (un archivo en línea de artículos de revistas médicas gestionado por la National Library of Medicine de los National Institutes of Health); sciencedirect.com y su página hermana SpringerLink; la biblioteca Cochrane en cochranelibrary.com; y Coogle Scholar en scholar.google.com, un gran buscador secundario que puedes usar después de tu búsqueda inicial. Entre las bases de datos a las que acceden estos buscadores encontramos Embase (propiedad de Elsevier), Medline y MedlinePlus y abarcan millones de estudios con supervisión científica de todo el mundo. Los estudios suelen publicarse por adelantado en internet antes de que se editen formalmente en revistas que cuentan con supervisión científica. Los autores principales suelen aparecer en último lugar.

INTRODUCCIÓN

1 Nina E. Fultz y otros, «Coupled Electrophysiological, Hemodynamic, and Cerebrospinal Fluid Oscillations in Human Sleep», *Science* 366, n.º 6465 (noviembre 2019): 628-31.

2 Elena P. Moreno-Jiménez y otros, «Adult Hippocampal Neurogenesis Is Abundant in Neurologically Healthy Subjects and Drops Sharply in Patients with Alzheimer's Disease», *Nature Medicine* 25, n.° 4 (abril 2019): 554-60.
3 Shuntaro Izawa y otros, «REM Sleep-Active MCH Neurons Are Involved in Forgetting Hippocampus-Dependent Memories», *Science* 365, n.° 6459 (septiembre 2019): 1308-13.
4 Consulta: n9.cl/pa5irw.
5 J. Graham Ruby y otros, «Estimates of the Heritability of Human Longevity Are Substantially Inflated Due to Assortative Mating», *Genetics* 210, n.° 3 (noviembre 2018): 1109-24.
6 Céline Bellenguez y otros, «New Insights into the Genetic Etiology of Alzheimer's Disease and Related Dementias», *Nature Genetics* 54, n.° 4 (abril 2022): 412-36.
7 Jianwei Zhu y otros, «Physical and Mental Activity, Disease Susceptibility, and Risk of Dementia: A Prospective Cohort Study Based on UK Biobank», *Neurology* 10 (julio 2022).

PRIMERA PARTE

1 Sami El-Boustani y otros, «Locally Coordinated Synaptic Plasticity of Visual Cortex Neurons in Vivo», *Science* 360, n.° 6395 (junio 2018): 1349-54.
2 Consulta la página 9 para encontrar la discusión sobre la plasticidad cognitiva. Global Council on Brain Health. «Engage Your Brain: GCBH Recommendations on Cognitively Stimulating Activities», Washington, DC: Global Council on Brain Health, julio 2017: n9.cl/0dpyi.
3 Natalia Caporale y Yang Dan, «Spike Timing-Dependent Plasticity: A Hebbian Learning Rule», *Annual Review of Neuroscience* 31 (2008): 25-46.
4 Claudio Franceschi y otros, «Inflammaging: A New Immune-Metabolic Viewpoint for Age-Related Diseases», *Nature Reviews Endocrinology* 14, n.° 10 (octubre 2018): 576-90.
5 K. A. Walker, R. F. Gottesman, A. Wu, y otros, «Systemic Inflammation During Midlife and Cognitive Change over 20 Years: The ARIC Study», *Neurology* 92, n.° 11 (2019): e1256–e1267. Consulta también: R. F. Gottesman, A. L. Schneider, M. Albert y otros, «Midlife Hypertension and 20-Year Cognitive Change: The Athe-

rosclerosis Risk in Communities Neurocognitive Study», *JAMA Neurology* 71, n.º 10 (2014): 1218-27.

6 Gill Livingston y otros, «Dementia Prevention, Intervention, and Care: 2020 Report of the Lancet Commission», *Lancet* 396, n.º 10248 (agosto 2020): 413-46.

7 Joshua R. Ehrlich y otros, «Addition of Vision Impairment to a Life-Course Model of Potentially Modifiable Dementia Risk Factors in the US», *JAMA Neurology* 79, n.º 6 (junio 2022): 623-26.

8 M. C. Morris, C. C. Tangney, Y. Wang y otros, «MIND Diet Associated with Reduced Incidence of Alzheimer's Disease», *Alzheimer's and Dementia* 11, n.º 9 (2015): 1007-14.

9 Klodian Dhana y otros, «MIND Diet, Common Brain Pathologies, and Cognition in Community-Dwelling Older Adults», *Journal of Alzheimer's Disease* 83, n.º 2 (2021): 683-92.

10 Consulta la página 5 en: n9.cl/5zp9jk.

11 www.cdc.gov, «Get the Facts: Added Sugars»: n9.cl/mh625.

12 Giuseppe Faraco y otros, «Dietary Salt Promotes Cognitive Impairment through Tau Phosphorylation», *Nature* 574, n.º 7780 (octubre 2019): 686-90.

13 Magdalena Miranda y otros, «Brain-Derived Neurotrophic Factor: A Key Molecule for Memory in the Healthy and the Pathological Brain», *Frontiers in Cellular Neuroscience* 13 (agosto 2019): 363.

14 Consulta JohnRatey.com.

15 Miranda y otros, «Brain-Derived Neurotrophic Factor: A Key Molecule for Memory in the Healthy and the Pathological Brain».

16 Patricia C. García-Suárez y otros, «Acute Systemic Response of BDNF, Lactate and Cortisol to Strenuous Exercise Modalities in Healthy Untrained Women», *Dose Response* 18, n.º 4 (diciembre 2020): 1559325820970818.

17 Consulta: n9.cl/ummpj. Consulta también: Daniel G. Blackmore y otros, «An Exercise "Sweet Spot" Reverses Cognitive Deficits of Aging by Growth-hormone-induced Neurogenesis», *iScience* 24, n.º 11 (octubre 2021): 103275.

18 Anne-Julie Tessier y otros, «Association of Low Muscle Mass with Cognitive Function During a 3-Year Follow-up Among Adults Aged 65 to 86 Years in the Canadian Longitudinal Study on Aging», *JAMA Network Open* 5, n.º 7 (julio 2022): e2219926.

19 Benjamin S. Olivari y otros, «Population Measures of Subjective Cognitive Decline: A Means of Advancing Public Health Policy to

Address Cognitive Health», *Alzheiner's & Dementia* (NY) 7, n.° 1 (marzo 2021): e12142.

20 S. Beddhu, G. Wei, R. L. Marcus, y otros, «Light-Intensity Physical Activities and Mortality in the United States General Population and CKD Subpopulation», *Clinical Journal of the American Society of Nephrology* 10, n.° 7 (2015): 1145–53.

21 Global Council on Brain Health (2018). «Brain Health and Mental Well-Being: GCBH Recommendations on Feeling Good and Functioning Well». Disponible en n9.cl/fpdbr. DOI: n9.cl/e4z0v.

22 Para tener acceso a una biblioteca de recursos y datos sobre el sueño, consulta la página web de la National Sleep Foundation: SleepFoundation.org. Consulta también: Global Council on Brain Health (2016). «The Brain-Sleep Connection: GCBH Recommendations on Sleep and Brain Health». Disponible en: n9.cl/fpdbr. DOI: n9.cl/nzvdu.

23 S. M. Purcell, D. S. Manoach, C. Demanuele, y otros, «Characterizing Sleep Spindles in 11,630 Individuals from the National Sleep Research Resource», *Nature Communications* 26, n.° 8 (2017): 15930.

24 J. J. Iliff, M. Wang, Y. Liao, y otros, «A Paravascular Pathway Facilitates CSF Flow Through the Brain Parenchyma and the Clearance of Interstitial Solutes, Including Amyloid β», *Science Translational Medicine* 4, n.° 147 (2012): 147ra111.

25 Nina E. Fultz y otros, «Coupled Electrophysiological, Hemodynamic, and Cerebrospinal Fluid Oscillations in Human Sleep», *Science* 366, n.° 6465 (noviembre 2019): 628–31.

26 Matthew Walker, *Why We Sleep: Unlocking the Power of Sleep and Dreams* (New York: Scribner, 2017).

27 C. Dufouil, E. Pereira, G. Chêne, y otros, «Older Age at Retirement Is Associated with Decreased Risk of Dementia», *European Journal of Epidemiology* 29, n.°. 5 (2014): 353-61.

28 Consulta: Global Council on Brain Health (2017). «Engage Your Brain: GCBH Recommendations on Cognitively Stimulating Activities». Disponible en: n9.cl/fpdbr. Engage Your Brain: GCBH Recommendations on Cognitively Stimulating Activities 2 DOI: n9.cl/0dpyi.

29 Georgia Bell y otros, «Positive Psychological Constructs and Association with Reduced Risk of Mild Cognitive Impairment and

Dementia in Older Adults: A Systematic Review and Meta-Analysis», *Ageing Research Reviews* 77 (mayo 2022): 101594.

30 Consulta: Global Council on Brain Health (2017). «The Brain and Social Connectedness: GCBH Recommendations on Social Engagement and Brain Health». Disponible en: n9.cl/fpdbr.

31 «Loneliness and Social Isolation Linked to Serious Health Conditions», Public Health Media Library en www.cdc.gov. Consulta también: National Academies of Sciences, Engineering, and Medicine, *Social Isolation and Loneliness in Older Adults: Opportunities for the Health Care System*. Washington, DC: National Academies Press, 2020.

32 Julianne Holt-Lunstad y otros, «Loneliness and Social Isolation as Risk Factors for Mortality: A Meta-analytic Review», *Perspectives on Psychological Science* 10, n.° 2 (marzo 2015): 227–37.

33 https://www.adultdevelopmentstudy.org/.

SEGUNDA PARTE

1 H. J. Lee, H. I. Seo, H. Y. Cha, y otros, «Diabetes and Alzheimer's Disease: Mechanisms and Nutritional Aspects», *Clinical Nutrition Research* 7, n.° 4 (2018): 229-40. Consulta también: Fanfan Zheng, Li Yan, Zhenchun Yang, y otros, «HbA1c, Diabetes and Cognitive Decline: The English Longitudinal Study of Ageing», *Diabetologia* 61, n.° 4 (2018): 839–48; y N. Zhao, C. C. Liu, A. J. Van Ingelgom, y Y. A. Martens, «Apolipoprotein E4 Impairs Neuronal Insulin Signaling by Trapping Insulin Receptor in the Endosomes», *Neuron* 96, n.° 1 (2017): 115-29.e5.

2 Remi Daviet y otros, «Associations Between Alcohol Consumption and Gray and White Matter Volumes in the UK Biobank», *Nature Communications* 13, n.° 1 (marzo 2022): 1175.

3 Matthew C. L. Phillips, «Fasting as a Therapy in Neurological Disease», *Nutrients* 11, n.° 10 (octubre 2019): 2501.

2 Consulta: Global Council on Brain Health (2019). «The Real Deal on Brain Health Supplements: GCBH Recommendations on Vitamins, Minerals, and Other Dietary Supplements». Disponible en: n9.cl/fpdbr. DOI: 9.cl/msx6u.

5 Line Jee Hartmann Rasmussen y otros, «Association of Neurocognitive and Physical Function with Gait Speed in Midlife», *JAMA Network Open* 2, n.° 10 (octubre 2019): e1913123.

6 Masahiro Okamoto y otros, «High-intensity Intermittent Training Enhances Spatial Memory and Hippocampal Neurogenesis Associated with BDNF Signaling in Rats», *Cerebral Cortex* 31, n.° 9 (julio 2021): 4386-97; Cinthia Maria Saucedo Marquez y otros, «High-intensity Interval Training Evokes Larger Serum BDNF Levels Compared with Intense Continuous Exercise», *Journal of Applied Physiology* 119, n.° 12 (diciembre 2015): 1363-73.

7 Peter Schnohr y otros, «Various Leisure-Time Physical Activities Associated with Widely Divergent Life Expectancies: The Copenhagen City Heart Study», *Mayo Clinic Proceedings* 93, n.° 12 (diciembre 2018): 1775-85.

8 *Ibídem.*

9 www.cdc.gov.

10 Min-Jing Yang y otros, «Association of Nap Frequency with Hypertension or Ischemic Stroke Supported by Prospective Cohort Data and Mendelian Randomization in Predominantly Middle-Aged European Subjects», *Hypertension* 79, n.° 9 (septiembre 2022): 1962-70.

11 Consulta: n9.cl/u1ubg.

12 Peggy J. Liu y otros, «The Surprise of Reaching Out: Appreciated More than We Think», *Journal of Personality and Social Psychology* (julio 2022).

13 *Ibídem.*

14 Gabrielle N. Pfund y otros, «Being Social May Be Purposeful in Older Adulthood: A Measurement Burst Design», *American Journal of Geriatric Psychiatry* 30, n.° 7 (julio 2022): 777-86.

15 Kelsey D. Biddle y otros, «Social Engagement and Amyloid-Related Cognitive Decline in Cognitively Normal Older Adults», *American Journal of Geriatric Psychiatry* 27, n.° 11 (noviembre 2019): 1247–56. Consulta también: Matteo Piolatto y otros, «The Effect of Social Relationships on Cognitive Decline in Older Adults: An Updated Systematic Review and Meta-Analysis of Longitudinal Cohort Studies», *BMC Public Health* 22, n.° 1 (febrero 2022): 278.

16 Julianne Holt-Lunstad y otros, «Loneliness and Social Isolation as Risk Factors for Mortality: A Meta-analytic Review», *Perspectives on Psychological Science* 10, n.° 2 (marzo 2015): 227-37.

17 Consulta: Global Council on Brain Health. «Engage Your Brain: GCBH Recommendations on Cognitively Stimulating Activities».

Washington, Disponible en: n9.cl/fpdbr (julio 2017). DOI: n9.cl/0dpyi.

18 Consulta mi pódcast del 7 de junio de 2022, «Sometimes It's Healthy to Break the Rules». Consulta también: Charles J. Limb y Allen R. Braun, «Neural Substrates of Spontaneous Musical Performance: An fMRI Study of Jazz Improvisation», *PLOS One* 3, n.º 2 (febrero 2008): e1679.

19 Consulta: «Music on Our Minds: The Rich Potential of Music to Promote Brain Health and Mental Well-Being». Disponible en: n9.cl/fpdbr. DOI: n9.cl/aioom.

20 Adam Kaplin y Laura Anzaldi, «New Movement in Neuroscience: A Purpose-Driven Life», *Cerebrum: The Dana Forum on Brain Science* (junio 2015): 7.

21 Shaun Larcom, Ferdinand Rauch, y Tim Willems, «The Benefits of Forced Experimentation: Striking Evidence from the London Underground Network», *The Quarterly Journal of Economics* 132, n.º 4 (noviembre 2017): 2019-55.

22 Consulta el trabajo y las investigaciones publicadas por Earl Miller en: n9.cl/nt5el.

23 «Forgiveness: Your Health Depends on It», Johns Hopkins Medicine: n9.cl/8dtsj.

24 n9.cl/ubg8ps.

25 «The Hidden Risks of Hearing Loss», Johns Hopkins Medicine: n9.cl/i916q.

26 Maria C. Norton y otros, «Increased Risk of Dementia When Spouse Has Dementia? The Cache County Study», *Journal of the American Geriatric Society* 58, n.º 5 (2010): 895-900.

SOBRE EL AUTOR

Sanjay Gupta se enamoró del cerebro humano cuando era adolescente y estudiaba en la escuela secundaria. Más tarde pasó cuatro años estudiando medicina y siete aprendiendo en la residencia para convertirse en neurocirujano, una profesión de la que disfruta desde hace más de veinte años. El cerebro es su auténtico primer amor. El doctor Gupta es autor de varios superventas en el *New York Times* y corresponsal médico jefe de la CNN. Desde 2001, Gupta ha cubierto las principales noticias médicas de nuestro tiempo, contando a menudo las desgarradoras y conmovedoras historias de los valientes primeros intervinientes e informando desde primera línea en casi todos los conflictos, catástrofes naturales y brotes de enfermedades del mundo. Ha presentado varias películas documentales basadas en investigaciones exhaustivas, como su serie *Marihuana: hierba contra pastillas* y *El estrés de una nación,* para HBO. Ha recibido numerosos premios Emmy y Peabody por su trabajo, así como el premio DuPont, el equivalente al Pulitzer en la televisión. Gupta está ampliamente reconocido como uno de los periodistas más fiables de los medios de comunicación. Además de sus méritos periodísticos, Gupta ha recibido varios títulos honoríficos y numerosos premios humanitarios por su atención a los heridos en guerras y catástrofes naturales. La revista *Forbes* le nombró uno de los diez famosos más influyentes.

En 2019, fue elegido miembro de la National Academy of Medicine, uno de los mayores honores en el campo médico. En 2022, ingresó en la American Academy of Arts & Sciences. Gupta vive en Atlanta, donde también es profesor asociado de neurocirugía en el Emory University Hospital y jefe asociado de neurocirugía en el Grady Memorial Hospital. Es diplomado de la American Board of Neurosurgery. Sanjay está casado con Rebecca, quien, tras leer esto, le recordó que en realidad ella era su amor más verdadero. Sanjay lo admitió sabiamente. Tienen tres hijas adolescentes a quienes les parece gracioso que su padre haya escrito un libro sobre la memoria. Según ellas, las chicas Gupta creen que su padre «literalmente no puede recordar nada».